谨以此丛书献给
内蒙古自治区文物考古研究所成立60周年

内蒙古文化遗产丛书

锡林郭勒文化遗产

内蒙古自治区文物考古研究所　编

文物出版社

责任编辑　李　飚

责任印制　陈　杰

图书在版编目（CIP）数据

锡林郭勒文化遗产/陈永志，吉平，张文平主编；
内蒙古自治区文物考古研究所编．－北京：文物出版社，
2014.8

（内蒙古文化遗产丛书）

ISBN 978－7－5010－4043－8

Ⅰ．①锡… Ⅱ．①陈… ②吉… ③张… ④内… Ⅲ.
①文化遗产－介绍－锡林郭勒盟 Ⅳ．①K292.62

中国版本图书馆CIP数据核字(2014)第151814号

锡林郭勒文化遗产

编　　者　内蒙古自治区文物考古研究所
出版发行　文物出版社
地　　址　北京市东直门内北小街2号楼
邮政编码　100007
网　　址　www.wenwu.com
邮　　箱　web@wenwu.com
制版印刷　北京燕泰美术制版印刷有限责任公司
经　　销　新华书店
版　　次　2014年8月第1版第1次印刷
开　　本　787×1092　1/16
印　　张　17.5
书　　号　ISBN 978－7－5010－4043－8
定　　价　260.00元

　　美丽富饶的内蒙古自治区位于祖国的北部边疆，环境优美，气候宜人，自古以来就是人类繁衍生息的好地方。特定的地理位置、区域特点与生态环境，形成绚丽多姿、丰富多彩的物质文化遗产，造就了博大精深的草原文化。由内蒙古自治区文物考古研究所编纂的这套《内蒙古文化遗产丛书》，将分布在内蒙古自治区各地的物质文化遗产以盟市为单位编列成书，系统地向社会展示，显示了内蒙古自治区文化遗产的突出优势，这在当今"弘扬社会主义先进文化，推动社会主义文化大发展大繁荣"的新形势下，无疑具有重要的现实意义。

　　内蒙古自治区历史悠久，文化积淀深厚。草原地区人类的历史最早可以追溯到旧石器时代，这是草原文化的滥觞时期。在内蒙古呼和浩特东郊发现的大窑旧石器时代遗址，发现了石器制造场与其他的人类遗迹，将内蒙古地区人类的历史提升到了50万年。另外，在内蒙古其他地区还发现了距今5万年至1万年的"河套人"以及"扎赉诺尔人"，由此证明了中国北方的内蒙古自治区也是人类的重要起源地之一。新石器时代至青铜时代是草原文化形成的重要阶段，以赤峰红山命名的红山文化，是这一时期草原文化的核心。在内蒙古地区相继发现的兴隆洼文化、赵宝沟文化、富河文化、庙子沟文化、小河沿文化、朱开沟文化、夏家店下层文化等一系列草原考古学文化，使得中华民族文化呈现出"多源辐辏"、"百花齐放"的繁荣局面。秦汉、魏晋之际是草原文化快速发展的重要阶段。位于阿拉善盟的居延遗址群是中国西部地区重要的汉代边疆城市遗址，以出土"居延汉简"著称于世。呼和浩特地区和林格尔的盛乐古城遗址是内蒙古中南部最大的都城遗址。呼伦贝尔市鄂伦春自治旗的嘎仙洞遗址，发现北魏太平真君四年（443年）的石刻祝文，证明了此处是鲜卑贵族的"先祖石室"、拓跋鲜卑的发祥地。这些重要的文化遗产是中国历史上多民族文化碰撞、融合、升华的实物见证。辽金元时期草原文化达到了空前的繁荣与昌盛。内蒙古东部的赤峰、通辽历史上是辽王朝的京畿地区，契丹人的政治中心所在。在这一地区分布有辽上京、辽中京两大都城，还分布有辽祖陵、辽怀陵、辽庆陵三大皇族陵寝，以及轰动世界、闻名遐迩的辽陈国公主墓、吐尔基山辽墓。元代的内蒙古地区是东西文化交流的主阵地，"草原丝绸之路"东端的重要起点。元上都遗址是中国北方草原地带最大的元代都城遗址，御天门、大安阁、穆清阁等重要建筑遗迹，真实地再现了元代皇城的宏伟规模，极大地彰显了元上都遗址的突出价值，是内蒙古自治区极为珍贵的世界文化遗产。位于乌兰察布市的集宁路古城遗址，考古发现了一处完整的市肆遗迹及多处窖藏，出土了釉里红玉壶春瓶、青花梨形壶、卵白釉"枢府"铭盘、青釉龟形砚滴、青釉荷叶盖罐等大量完整瓷器，以及其他珍贵瓷器标本上万件，堪称中国的"庞贝城"。另外，内蒙古自治区也是我国古代岩画资源最为富集的地区，以阴山岩画、曼德拉山岩画、乌兰察布岩画最为典型，岩画总量多达十万余幅，时代纵跨上万年，这是内蒙古草原地区现存最为壮观的古代艺术画廊。此外，内蒙古自治区还拥有当今世界上保存最长、辐射面最广、影响最为深远的特殊文化线路——长城。全区共查明有战国燕、战国赵、战国秦、秦代、西汉、东汉、北魏、隋代、北宋、金代、西夏、明代修筑的长城墙体7570公里，有与长城相关的马面、敌台、烽燧、障城、关堡等各类遗存近万处，其附属遗址的数量、跨越的时代及墙体长度，都位居全国第一。这些林林总总的物质文化遗产都是内蒙古自治区珍贵的文化资源，是草原文明的重要实物载体，也是草原文化薪火相传的实物例证。

《内蒙古文化遗产丛书》以草原地区古代民族活动遗留下来的物质文化遗产为具体研究对象，对人类的生产生活、社会生活、精神生活进行"时"、"空"、"人"三维的全方位考察研究，以期对草原民族物质生活、精神生活以及制度体系进行客观定位，进而揭示社会文化的发展状况，人类文明的历史进程。人类起源问题是当今世界十大科学课题之一，草原人类从何而来？草原文明从哪发端？这也是困扰当今学术界的重大问题。内蒙古草原地带大窑遗址、萨拉乌苏遗址、金斯太洞穴遗址、扎赉诺尔遗址等一系列旧石器时代文化遗存的考古发现，证明中国北方草原地带的内蒙古自治区同样也是人类的重要发祥地之一，其学术意义是不言而喻的。而古代文明的起源与形成也是世界学术界倍加关注的课题之一。近年来，随着内蒙古文化遗产保护、发掘与研究工作的深入开展，广泛分布在蒙古草原地带的一些古代遗址与墓葬逐渐地被揭露与发现，不同历史时期的文物精品大量破土面世。特别是位于内蒙古东部地区红山文化遗址的考古发现，证明了中华民族文明的源头可以追溯到草原深处，内蒙古同样也是中华文明曙光升起的地方，草原文化与黄河文化、长江文化三位一体，已经构成了中华民族历史文明的三大主流文化。中华民族多元一体文化格局的建构，草原文化功不可没。

草原文化之所以有着如此强大的生命力与感召力，还在于她的开放性、包容性与文化内涵的博大精深。内蒙古自治区位于欧亚大陆的东端，蒙古高原的南部，作为世界历史上著名的"草原丝绸之路"，这里是东西文化交流的重要长廊，也是游牧文明与农耕文明交融和碰撞的特殊地带。特殊的区域位置与人文环境，创造了种类繁多、规模宏大、保存完好的城市文化遗产。在内蒙古自治区分布有北魏的盛乐都，辽代的上京城，元代的上都、黑城古城等中外闻名的城市遗址，围绕着这些大遗址，群星点点地分布着各类古代文化遗存，构成了草原丝绸之路商品交换的大通道，东西文化传播的主干线。

所以，分布在内蒙古自治区这些林林总总的物质文化遗产，反映了草原文化的庞大内涵，是草原文明最为直接而又形象的体现。文化是多元的，中华民族文化是多民族文化碰撞、融和、升华的结果，草原文化是中华民族文化构筑的一个重要板块，深化草原文化研究，考察草原文化的发展演进轨迹，探索草原文化与华夏文化碰撞、融合的历史进程，对于进一步弘扬中华民族文化具有重要的历史意义。

习近平总书记指出：一个国家、一个民族的强盛，总是以文化兴盛为支撑的，中华民族伟大复兴需要以中华文化发展繁荣为条件。中华优秀文化是我们民族永不褪色的名片、永不贬值的"硬通货"。同时要求我们要系统梳理传统文化资源，让收藏在禁宫里的文物、陈列在广阔大地上的遗产、书写在古籍里的文字都"活"起来。这是对我们文化工作者的一个总体要求，也是我们文化遗产保护事业发展的一个总方针。目前，内蒙古自治区的文化遗产保护事业蓬勃发展，草原文化研究欣欣向荣，重大考古发现层出不穷，学术研究成果斐然，文化遗产保护工作得到了社会的普遍认同，在弘扬中华民族传统文化、增强国民凝聚力与向心力、建设社会主义和谐社会等方面发挥着不可替代的重要作用。作为展示草原文化遗产的点睛之作，《内蒙古文化遗产丛书》以研究内蒙古文化遗产为主要内容，旨在进一步弘扬草原文化，传承草原文明，这是这套丛书付梓的重要意义。

是为序。

内蒙古自治区党委常委　宣传部部长

2014年7月25日

目录

前言

陈永志

内蒙古自治区位于中国北方草原地带，作为世界上著名的"草原丝绸之路"，历史文化积淀深厚。目前已初步查明有各类文物遗址点2.1万余处，全国重点文物保护单位141处，自治区级重点文物保护单位319处，盟市旗县级别的文物保护单位700余处。这些林林总总的物质文化遗产，构成了草原文明的主体，展现出草原文化发展的完整脉络，是内蒙古自治区极为珍贵的文化资源。如何有效地利用这些丰厚的文化遗产，将文化遗产资源转化为强大的发展优势，这是我们每一个文物考古工作者所肩负的历史重任。党的十八大提出"两个一百年"的奋斗目标和实现中华民族伟大复兴"中国梦"的战略构想，而夯实中华文化的根基，展示中华文化的精粹，张扬中华文化的辉煌，是建设社会主义文化强国的根本，也是奔向"两个一百年"奋斗目标和实现中华民族伟大复兴"中国梦"最为有效的途径。

内蒙古自治区多草原、山地、沙漠的自然环境特点，使得历史上遗留下来的大量文物古迹完整地保存至今。内蒙古文化遗产的特色与优势就是地下埋藏文物丰富，文化内涵深厚，草原特色鲜明。近期，内蒙古自治区党委、政府提出了"8337"的发展思路，将内蒙古自治区建设成"体现草原文化、独具北疆特色的旅游观光、休闲度假基地"作为文化发展的战略目标，其主旨就是要充分发掘文化资源，彰显内蒙古自治区突出的文化资源优势，丰富草原文化的内涵。而文化遗产则是草原文化的主要承载体，是草原文明最为形象直观的体现。所以，对内蒙古自治区文化遗产的深入发掘、研究与展示，是弘扬草原文化、传承草原文明、建设民族文化强区的实际需要。

中华民族文化是多民族文化碰撞、融和、升华的结果，草原文化是中华民族文化的重要组成部分，而文化遗产则是草原文化的精粹，也是草原文化的核心内容。因此，对草原文化遗产的深入发掘与研究，对于提升草原文化在中华民族文化中的历史地位具有重要的意义。中华民族素以"声色文物之邦"著称于世，具有悠久的历史与光辉灿烂的文化。中华文化的特点首先是连绵不断，其次是多元一体，再次是具有鲜明的民族特色。世界上没有任何一个国家像中国一样，具有自旧石器时代起，历经新石器时代、青铜时代、铁器时代、历史时期直至近现代这样一个衔接完整的历史发展脉络，更没有一个国家的文化像中国的文化一样包罗万象、博大精深、源远流长，这也是中华民族之所以屹立于世界民族之林的一个重要原因。内蒙古自治区位于蒙古高原的南端，是草原丝绸之路的主干线，东西文化碰撞、交流的枢纽地带，中华民族文化以此为平台，向周边地区传播，从而推动了世界文明的发展。所以，草原文化在构建中华民族多元一体文化格局的过程中具有重要的作用，而构成草原文化核心内容的就是这些丰富多彩的草原文化遗产，这是内蒙古自治区重要的文化资源，也是建设民族文化强区强大的"软实力"。

习近平总书记指出：宣传阐释中国特色，要讲清楚每个国家和民族的历史传统、文化积淀、基本国情不同，其发展道路必然有着自己的特色；讲清楚中华文化积淀着中华民族最深沉的精神追求，是中华民族生生不息、发展壮大的丰厚滋养；讲清楚中华优秀传统文化是中华民族的突出优势，是我们最深厚的文化软实力。这是对我们国家文化遗产保护事业高屋建瓴的一个总体要求。近年来，随着内蒙古田野考古工作的深入开展，广泛分布在蒙古草原地带的一些古代城址与墓葬逐渐地被揭露与发现，不同历史时期的文物精品大量破土面世，草原文化的研究进入了一个全新的历史阶段。在新的历史条件下，为了进一步繁荣发展内蒙古自治区的文化遗产保护事业，深入弘扬草原文化，针对内蒙古自治区文化遗产的分布状况与文化特点，我们编写了这套《内蒙古文化遗产丛书》，对内蒙古自治区境内的文化遗产进行深入的发掘、研究与展示，目的就是让这些埋藏在地下的文化遗产充分地"活"起来，以期讲好中国故事，传播好中国声音，为建设内蒙古文化强区尽绵薄之力。

《内蒙古文化遗产丛书》分为《呼和浩特文化遗产》、《包头文化遗产》、《乌海文化遗产》、《赤峰文化遗产》、《通辽文化遗产》、《呼伦贝尔文化遗产》、《鄂尔多斯文化遗产》、《乌兰察布文化遗产》、《巴彦淖尔文化遗产》、《兴安文化遗产》、《锡林郭勒文化遗产》、《阿拉善文化遗产》共12卷本，根据内蒙古自治区的行政区划按盟市为单位分别编写。所介绍的内容为传统意义上的物质文化遗产，空间范围以内蒙古自治区辖境为基本覆盖范围，时间范围为旧石器时代至近现代，具体为不同历史时期遗留下来的古遗址、古墓葬及相关文物，涵盖历史、文学、艺术、语言、宗教、哲学、教育、民俗诸多方面的内容。重点以各盟市所辖范围内的全国重点文物保护单位、自治区级重点文物保护单位和市县级重点文物保护单位为主，同时包括其他未定级别的文物遗址与重要的考古发现，并配以图片及相关佐证材料，力求客观真实。

本系列丛书为内蒙古自治区"草原英才"工程项目成果之一，同时也是献给内蒙古自治区文物考古研究所建所60周年的隆重大礼。我们力求通过本系列丛书将内蒙古自治区境内的文化遗产状况全面、系统、真实地反映出来，为建设发展的内蒙古、繁荣的内蒙古、文化的内蒙古贡献自己的一份力量。囿于编者的学识与水平，本系列丛书难免有这样或那样的不足之处，敬请各位读者批评指正。

内蒙古文化遗产概论

陈永志

内蒙古自治区地域辽阔，呈东北向西南斜伸的狭长形，总面积约118.3万平方公里。在漫长的地质历史演化的过程中，形成了高山、草地、平原、盆地、沙漠戈壁等复杂的自然环境风貌。这些复杂的自然环境，同时也造就了内蒙古地区多元化的人文环境风貌。从旧石器时代的"大窑人"，到新石器时代的"红山人"，再到青铜时代的"夏家店人"，一直到后来的北狄、匈奴、鲜卑、突厥、回鹘、契丹、女真、蒙古等民族，这些草原民族经过世代繁衍生息，交往融合，形成了雄厚的历史文化积淀，造就了博大精深的草原文化遗产。对这些草原文化遗产的突出普遍价值的正确认知，是深入发掘内蒙古自治区文化资源的需要，也是建设文化强区的必要保障。

一 内蒙古物质文化遗产概况

文化遗产包括遗存与遗物两大部分，主要涉及人类社会政治、经济、文化、军事、宗教等诸多方面。遗存主要有古

锡林郭勒盟金斯太旧石器时代洞穴遗址

城市遗址、古墓葬、古建筑等，还有长城、界壕、驿道等复合型的特殊遗址；遗物主要有金银器、青铜器、碑刻、岩画、货币、雕塑、陶瓷、丝织品等。目前已初步查明内蒙古自治区有各类文物遗址点2.1万余处，全国重点文物保护单位141处，自治区级重点文物保护单位319处，盟市旗县级别的重点文物保护单位700余处。这些珍贵的文化遗存，构成了草原文明的主体，展现出草原文化发展的完整脉络。

旧石器时代是草原文化的滥觞时期，位于中国北方的内蒙古自治区同样也是人类的重要起源地之一。目前为止，在内蒙古自治区发现的旧石器时代遗址就达三十余处，其中以呼和浩特东郊发现的大窑遗址、鄂尔多斯发现的萨拉乌苏遗址、锡林郭勒发现的金斯太洞穴遗址、呼伦贝尔发现的扎赉诺尔遗址最为典型。大窑遗址位于呼和浩特市大窑村南，以发现的旧石器制造场及四道沟典型的地层剖面为重要的考古学依据。第一层为表土层，形成于全新世；第二层为马兰黄土层，形成于晚更新世晚期；第三层为淡红色土层，形成于晚更新世早期；第四层至第七层为离石黄土层，形成于更新世中期。在第四层底部发现有肿骨鹿化石，还有远古人类打制的石片、刮削器、砍砸器、石刀和石核等石制品，其时代属于旧石器时代早期，距今约50万年。鄂尔多斯萨拉乌苏旧石器时代遗址，发现于1922年，其后经过多次调查，在此地相继发现了顶骨、额骨、枕骨、股骨、胫骨、腓骨19件化石。其中有六件人骨化石是从晚更新世原生地层里发现的，学术界命名为"萨拉乌苏文化"，属于旧石器时代晚期，距今5万至3.7万年。锡林郭勒盟东

赤峰市魏家窝铺红山文化遗址发掘现场

通辽市哈民遗址清理出土的半地穴房屋基址

乌珠穆沁旗金斯太洞穴遗址，发现了旧石器时代中期晚段到青铜时代的连续地层堆积。在旧石器时代地层中发现了人类用火遗迹，出土了大量的打制石器、细石器、晚更新世晚期的动物骨骼化石等珍贵遗存。经^{14}C测定，距今约3.6万年。金斯太洞穴遗址的考古发现，对北方草原地区旧石器时代中晚期现代人的起源、迁徙、旧石器时代至新石器时代转变机制等方面的研究，都具有十分重大的意义。扎赉诺尔遗址发现于1927年，先后共发现15个个体的人头骨化石及其他化石。该遗址出土有石镞、刮削器、石片、石核等细石器，刀梗、锥、镖等骨器，并出土有夹砂粗陶器残片，同时出土有猛犸象、披毛犀等动物化石，是典型的中石器时代遗址，具体时代距今一万年左右。

在内蒙古自治区共发现新石器时代遗址两千余处，这些遗址主要分布在内蒙古东南部的西辽河流域及内蒙古中南部的黄河流域及环岱海地区。以赤峰红山命名的红山文化，是这一时期草原文化的核心。在内蒙古东部地区相继发现的兴隆洼文化、赵宝沟文化、富河文化、小河沿文化等一系列草原考古学文化，使得中华民族文化呈现出"多源辐辏"、"百花齐放"的繁荣局面。西辽河流域时代最早的新石器时代文化是敖汉旗的"兴隆洼文化"，其后是位于敖汉旗的"赵宝沟文化"和以赤峰红山后遗址为代表的"红山文化"以及以巴林左旗富河沟门聚落遗址为代表的"富河文化"。在通辽市科尔沁左翼中旗发现的哈民聚落遗址，是近期在内蒙古东北地区发现的较为重要的考古发现，被定名为"哈民文化"，也属于红山文化系列。这些考古学文化早到距今约8000年，晚到距今约4000年，以之字纹筒形罐、C形玉龙、楔形石耜为主要考古学文化特点。内蒙古中南部黄河流域及环岱海地区的新石器时代文化，主要属于中原地区的仰韶文化和龙山文化序列。最早的以凉城县王墓山遗址为代表的"王墓山下类型"，其年代大约距今6000年，属于仰韶文化晚期。其后有托克托县的"海生不浪文化"、包头市的"阿善二期文化"、察哈尔右翼前旗的"庙子沟文化"、凉城县的"老虎山文化"等，以彩陶钵、小口尖底瓶、双耳罐为主要考古学文化特点。

　　内蒙古地区发现的青铜时代遗址有七千余处，其中以夏家店下层文化、夏家店上层文化、大口二期文化和朱开沟文化为典型。夏家店下层文化发现于老哈河及大小凌河流域，以赤峰药王庙、夏家店、蜘蛛山、大甸子遗址，范杖子墓地为典型，其后又有赤峰三座店山城遗址、二道井子聚落遗址等重要考古发现。夏家店上层文化南边老哈河流域以宁城县南山根遗址为代表，北边西拉沐沦河流域以赤峰克什克腾旗龙头山遗址为典型，时间为夏、商至春秋时期。同一时期的考古学文化在赤峰地区还有"井沟子"、"铁匠沟"、"水泉"等文化类型。内蒙古中南部的青铜时代遗址，较为典

赤峰市三座店石城遗址

赤峰市二道井子遗址考古发掘现场

型的是准格尔旗大口村的"大口二期文化"和伊金霍洛旗的"朱开沟文化"。在朱开沟文化的第五段遗存内，发现鄂尔多斯式青铜戈，从而将鄂尔多斯式青铜器的时代上限上溯到二里冈上层文化时期，也就是商代早期。经过考古发掘证明，以"鄂尔多斯式青铜器"为代表的"朱开沟文化"，是属于商周时期中国北方少数民族的文化遗存，其时代下限距今2500年左右。

　　秦汉、魏晋之际是中国历史上各民族走向大一统、大融合的重要历史阶段。秦汉王朝为稳定边疆统治，在内蒙古地区营建大小边疆城镇，并屯垦开发。初步统计，内蒙古地区有秦汉时期大小城镇多达四十余座，目前能够确定其地望的城址主要有以下几例：云中郡为托克托县古城村古城，沙陵县城址为托克托县哈拉板申村东古城，沙南县城址为准格尔旗十二连城域，祯陵县城址为托克托县章盖营子古城，北舆县城址为呼和浩特塔布陀罗海古城，阳原县城址为呼和浩特市郊八拜村古城，武泉县城址为卓资县三道营子村古城，五原郡治所为乌拉特前旗三顶帐房古城，临沃县城址为包头市麻池村古城，定襄郡治所成乐城为和林格尔县土城子古城，桐过县城址为清水河县上城湾古城，安陶县城址为呼和浩特市郊陶卜齐古城，武城县城址为和林格尔县榆林城古城，临戎县城址为磴口县补隆淖乡河拐子古城，窳浑县城址为磴口县沙金陶海保尔浩特城，朔方郡治所三封县城为磴口县陶升井古城，美稷县城址为准格尔旗纳林镇古城，广衍县城址为准格尔旗瓦尔吐沟古城，沃阳县城址为凉城县双古城古城，右北平郡治所平刚县城为宁城县甸子乡黑城古城。这些秦汉时期城市遗址在魏晋南北朝时期继续沿用，成为鲜卑族南迁汉化的重要跳板。其中拓跋鲜卑南下建立的第一座都城盛乐城在今天的和林格尔县土城子古城，是内蒙古中南部最大的城市遗址，而北魏云中宫所在地就在今托克托县古城村古城。围绕着这两座古城，还分布有北魏重要的军事重镇，其中的沃野镇城址为乌拉特前旗苏独仑乡根子场古城，怀朔镇城址为固阳县城库伦古城，武川镇城址为武川旦乌兰不浪乡土城梁古城，抚冥镇城址为四子王旗库图城卜子古城，柔玄镇城址为察哈尔右翼后旗白音查干古城。目前在内蒙古地区共发现有秦汉魏晋时期的文物遗址多达三千余处，东西分布众多的城市遗址是这一特殊历史时期古代内蒙古地区多民族文化碰撞、融合、升华的实物见证。

内蒙古隋唐时期的文物遗址较少，目前初步统计有三百余处，这些文物遗迹也主要以城市遗址为主，目前能够认定其性质的主要有以下几例：隋代朔方郡长泽县城址为鄂托克前旗城川古城，榆林郡治所胜州城址为准格尔旗十二连城，富昌县城址为准格尔旗天顺圪梁古城，金河县城址为托克托县七星湖村古城，五原郡治所丰州城为乌拉特前旗东土城村古城。唐王朝为了加强对北方边疆地带的控制，实行节度使与羁縻州制度，内蒙古地区唐代的城镇多属于羁縻州府。其中振武节度使与单于都护府同驻一城，城址在今和林格尔县土城子古城，东受降城在今托克托县的大皇城古城，胜州城址在今准格尔旗十二连城古城，河滨县城址在今准格尔旗天顺圪梁古城，长泽县城

呼和浩特市和林格尔盛乐古城遗址发掘清理的汉代砖室墓

呼和浩特市和林格尔汉墓壁画——庄园图

在今鄂托克前旗城川古城，白池县城址在今鄂托克前旗二道川的大池古城，天德军城址在今乌拉特前旗陈二壕古城，中受降城址在今包头市傲陶窑子古城，兰池都督府城址在今鄂托克前旗三段地乡的巴拉庙古城，饶乐都督府城址在今林西县樱桃沟古城。这些隋唐时期的城址，大部分保存完好，城内遗迹丰富，出土文物精美。

辽金元时期内蒙古地区的文物遗址最为丰富，多达1.1万余处。这些文物遗址规模宏大，种类庞杂，精品众多，在世界文明史上具有重要的历史地位。位于内蒙古东部的赤峰市辖区，历史上是辽王朝的京畿地区，契丹人的政治中心。在这一地区分布有辽上京、辽中京两大都城，还分布有辽祖陵、辽怀陵、辽庆陵三大皇族陵寝。在辽代，中国北方草原地带开始了大规模的城市建设，据《辽史》记载，辽朝有"京五、府六、州军城百五十六、县二百有九"。目前能够确认的辽代城市遗址有两百余座，其中最为著名的上京临潢府城址在今巴林左旗林东镇，中京大定府城址在今宁城县大明城。除辽代京城以外，还有一些著名的州县城，如龙化州城址为今奈曼旗孟家段古城，永州城址为今翁牛特旗白音他拉古城，武安州城址为今敖汉旗丰收乡白塔子古城，丰州城址在今呼和浩特白塔古城，祖州城址在今巴林左旗石房子古城，庆州城址在今巴林右旗索博力嘎古城，通化州城址在今陈巴尔虎旗浩特陶海古城等。金代城址也多沿用辽代城址，其中北京路城址为今宁城县大明城，武平县城址在今敖汉旗白塔子古城，临满府路城址在今巴林左旗林东镇南古城，长泰县城址在今巴林左旗十三敖包乡古城，西京路所属丰州城址在今呼和浩特市东白塔古城，东胜州城址在今托克托县的大皇城和小皇城，宁边州城址在今清水河县下城湾古城，净州城址在今四子王旗吉生太乡城卜子古城，桓州城址在今正蓝旗四郎城古城，集宁县城址在今察哈尔右翼前旗巴彦塔拉乡土城子古城，振武镇城址在今和林格尔土城子古城，宣宁县城址在今凉城县淤泥滩古城，天成县城址为今凉城县天成村古城等。金代的城市一般年代跨度较小，规模不显，但同样也被后来的元朝沿用与开发。古代的内蒙古地区是元朝的肇兴之地，此地建有元朝的开国之都——元上都，还分布有一系列的路府州县城市，文物遗迹丰富。世界著名的元上都城址位于今正蓝旗五一牧场内，城垣面积达四平方公里之多，是当时国际性的大都会。以元上都城址为中心，元代的城市遗址可以说是星罗棋布。成吉思汗母亲月伦太后和幼弟斡赤斤在其封地内兴筑的城郭位于今鄂温克族自治旗辉苏木巴彦乌拉古城，成吉思汗二弟哈撒儿在其封地内兴筑的城郭为今额尔古纳右旗黑山头古城，汪古部兴建的德宁路古城为在今达尔罕茂明安联合旗敖伦苏

赤峰市辽代上京城皇城内清理的塔基遗址

通辽市辽陈国公主墓发掘现场

木古城，元代砂井总管府城址为今四子王旗红格尔苏木大庙古城，元代集宁路城址在今察哈尔右翼前旗巴彦塔拉乡土城子古城，净州路城址在今四子王旗吉生太乡城卜子占城，弘吉剌部在其封地内兴筑的应昌路城址为今克什克腾旗达尔罕苏术鲁王城，全宁路城址为今翁牛特旗乌丹镇西门外古城，亦乞列思部兴建的宁昌路城址在今敖汉旗五十家子村，上都路下属的桓州城址为今正蓝旗四郎城，松州城址在今赤峰市红山区西八家古城，兴和路下属的威宁县城址在今兴和县台基庙古城，丰州城址在今呼和浩特市东白塔古城，云内州城址在今托克托县西白塔古城，东胜州城址在今托克托县大皇城，红城屯田所在今和林格尔县小红城古城，大宁路城址在今宁城县大明城，高州城址在今赤峰市松山区哈拉木头古城，兀剌海路城址在今乌拉特中旗新忽热古城，亦集乃路城址为今额济纳旗黑城。这些元代城市遗址呈扇形分布在中国北方的内蒙古草原地带，构成了规模宏大而又自成体系的文化遗产景观，是草原丝绸之路上的重要城市遗址，也是内蒙古自治区文化遗产的核心所在。

二　内蒙古文化遗产资源的特色与优势

内蒙古自治区地域辽阔，多山地、草原、沙漠的自然环境特点，加之人为干扰较少，使得地上、地下文化遗存大部分得以完整地保存下来。所以，内蒙古自治区文化遗产最大的特点是保存完整、种类丰富、精品辈出。特别是近几年，内蒙古自治区重要考古发现不断出现，文化遗产保护事业成绩斐然，现已形成具有民族与地域特色的文化遗产体系，彰显内蒙古自治区文化发展的强势与巨大的潜力。

1972年，在盛乐古城南发现的小板申东汉壁画墓，发现保存完好的壁画56组，57幅，榜题250条，是目前研究东汉庄园制度最为完整的实物资料。1986年，在通辽奈曼旗青龙山发掘的辽陈国公主墓，出土三千多件（组）金、银、玉质地的珍贵文物，

赤峰市耶律羽之墓耳室墓门

赤峰市宝山辽墓壁画《寄锦图》

其中金属面具、银丝网络以及璎珞、琥珀饰件堪称辽代文物之奇珍。辽陈国公主墓的考古发掘，被评为"七五"期间全国重要考古发现。1992年，在赤峰阿鲁科尔沁旗发掘的耶律羽之墓，墓内出土了大量金银器皿及五代时期的珍贵瓷器，其中孝子图纹鎏金银壶、盘口穿带白瓷瓶最为名贵。1994年，赤峰阿鲁科尔沁旗发现一座辽代贵族墓葬，墓室内发现了大面积精美的壁画，主要有《贵妃调鹦图》、《织锦回文图》、《高逸图》、《降真图》，壁画题材丰富，对于研究辽代的绘画艺术提供了弥足珍贵的实物资料。2003年，在通辽吐尔基山再次发现一座保存完好的辽代贵族墓葬，墓内出土有精美的彩绘木棺，棺内墓主人身着十层华丽的丝织衣物，伴出有金牌饰、金耳饰、金手镯及成串铜铃等，另外还发现有鎏金铜铎、银角号、包金银马具等大批珍贵文物，显示了辽文化的繁荣与昌盛。上述三项辽代重要的考古发掘，分别被评为1992年、1994年和2003年度的"全国十大考古新发现"。

　　2003年，位于乌兰察布市察哈尔右翼前旗集宁路古城，发现了一处完整的市肆遗迹及四十余处器物窖藏，出土了釉里红玉壶春瓶、青花高足碗、卵白釉"枢府"铭盘、青釉龟形砚滴、青釉荷叶盖罐、月白釉香炉等珍贵瓷器三百余件，其他瓷器标本上万件。由此，集宁路古城遗址被评为2003年度"全国十大考古新发现"。另外，内蒙古文物工作者还对元上都遗址进行了大规模的考古勘探与发掘。发掘清理了御天门、大安阁、穆清阁等重要文物遗迹，真实地再现了元代皇城的宏伟规模，极大地彰

通辽市吐尔基山辽墓主墓室

显了元上都遗址的突出价值。鉴于元上都的特殊历史地位，联合国教科文组织于2012年将其列入世界文化遗产名录——这是内蒙古自治区第一个世界文化遗产。

2009年，赤峰市二道井子夏家店下层文化遗址的考古发掘，揭露面积3500平方米，清理房屋、窖穴、灰坑、墓葬、城墙等遗迹单位近三百处，出土各类文物近千件，该遗址被评为中国社会科学院2009年度"中国六大考古新发现"和2009年度"全国十大考古新发现"。2010年，内蒙古自治区文物考古研究所在通辽市科尔沁左翼中旗舍伯吐镇哈民芒哈发现了一处距今约5500年前的大型史前聚落遗址。共清理出房址43座，墓葬6座，灰坑33座，环壕1条。出土陶器、石器、骨器、蚌器、玉器等文物近千件。特别重要的是，发现了保存完好的半地穴式房屋顶部的木质构架结构痕迹，为近年来东北地区史前考古的重大发现。哈民遗址的考古发掘由此被评为中国社会科学院2011年度"中国六大考古新发现"和2011年度"全国十大考古新发现"。

内蒙古自治区也是我国古代岩画资源最为富集的地区。在锡林郭勒盟、乌兰察布市、巴彦淖尔市、阿拉善盟、乌海市等地，发现古代岩画十万余幅，以阴山岩画、曼德拉山岩画、乌兰察布岩画、桌子山岩画最为典型，时代纵跨上万年。这些岩画以古阴山山脉为中心，东西横亘几千公里，堪称世界上最长的、内容最为丰富的古代艺术画廊。长城是集系统性、综合性、群组性于一身具有突出普遍价值的世界文化遗产，它是当今世界上保存最长、辐射面最广、影响最为深远的文化线路。在内蒙古自治区

乌兰察布市集宁路古城清理出的市肆大街遗址

境内共分布有战国燕、战国赵、战国秦、秦代、西汉、东汉、北魏、隋代、北宋、金代、西夏、明代修筑的长城。这些长城分布于全区12个盟市的76个旗县，总计长度达约7570公里，单体建筑、关堡和相关遗存总数达九千六百余处。内蒙古自治区的长城资源总量，占到了全国长城资源总量的三分之一，无论是时代之多还是体量之大，在全国16个有长城分布的省、自治区、直辖市中，都是位居第一。

　　与考古发现相辅相成的是一大批珍贵文物的出土。目前全区共有馆藏文物50万件（组），其中国家一级文物1790件，二级文物4050件，三级文物6545件。这些文物时代特征鲜明，民族特色浓郁，是内蒙古自治区重要的文化资源。在内蒙古赤峰地区发现的红山文化碧玉龙，堪称"中华之最"，中华文明的曙光。鄂尔多斯市霍洛柴登出土的匈奴王鹰形金冠饰、虎牛咬斗纹金带饰等珍贵文物，是匈奴贵族单于王的重要遗物。乌兰察布市发现的"虎噬鹰"格里芬金牌饰、金项圈，象征着匈奴王权的尊贵与威严。呼伦贝尔市、通辽市、乌兰察布市等地发现的"叠兽纹"、"三鹿纹"金牌饰以及其他的金冠饰、金带饰等文物，都是鲜卑贵族使用的代表性装饰品。赤峰市喀喇沁旗出土的双鱼龙纹银盘、鱼龙纹银壶、波斯银壶，是唐代"草原丝绸之路"上发现的一批重要文物。辽代陈国公主墓出土的黄金面具、龙凤形玉配饰，耶律羽之墓出土的褐釉鸡冠壶、双耳穿带瓶，吐尔基山辽墓出土的彩绘木棺、鎏金宝石镜盒以及造型各异的瓷器、金器、玉器及装饰奢华的马具等，是辽代文物的精品。元上都遗址出土的汉白玉龙纹角柱与柱础，再现了元代皇家宫城建筑的华丽与辉煌的气势。金马鞍是体现蒙古族游牧与丧葬风俗的绝品文物，具有游牧民族"四时迁徙，鞍马为家"的文化特点，又是蒙古贵族"秘葬"风俗习惯的真实反映。而八思巴字的圣旨令牌，是代表元朝皇权的典型文物，既是传达皇帝圣旨与政令的信物，也是蒙元时期军政合一的政治体制特点与国家驿站制度的综合体现。元代瓷器类文物首推青花、釉里红瓷器，其中以包头燕家梁出土的青花大罐，集宁路出土的青花梨形壶、釉里红玉壶春瓶最为珍贵。这些林林总总的文化遗产是内蒙古自治区珍贵的文化资源，是草原文明的主要实物载体，也是草原文化薪火相传的重要实物例证。

三 充分发掘草原文化遗产的重要意义

目前，内蒙古自治区文化遗产保护事业蓬勃发展，取得了累累硕果。重要的考古发现层出不穷，学术研究成果斐然，有力地保障了内蒙古自治区文化事业的健康发展。文化遗产日益成为促进经济社会和谐发展的重要因素，在弘扬中华传统文化、增

锡林郭勒盟元上都古城穆清阁遗址

强国民凝聚力和向心力、建设社会主义和谐社会等方面发挥着不可替代的重要作用。

首先，文化遗产的发掘研究夯实了草原文化研究的理论基础。内蒙古地区的一系列重大考古发现，极大地丰富了草原考古学文化的内涵。如通过对内蒙古呼和浩特东郊大窑旧石器遗址的考古发掘，发现属于旧石器文化的石器制造场与其他的人类遗迹，相当于北京周口店第一地点的文化面貌，将内蒙古地区人类的历史提升到了50万年；再如红山文化遗址及典型文物碧玉龙的发现，堪称中国第一缕文明的曙光。红山诸文化考古序列的确立，如同中原地区第一次从地层上明确划定了仰韶文化、龙山文化、商文化的时间序列的意义一样，将中国文明的历史从发端到发展的历史脉络勾勒得一清二楚，填补了中国考古学文化的空白，极大地完善了草原文化研究的序列与谱系。

其次，对文化遗产的发掘研究，关系到"两个一百年"奋斗目标和中华民族伟大复兴"中国梦"的实现，也是提高国家文化软实力、建设文化强区的时代需要。文化遗产是一个时代、一个民族文化与文明的物化遗留，是民族文化的精粹，是人们唯一能够看得到、摸得着的文化实体，具有无可比拟的感召力与影响力，也是人类社会可持续发展的重要因子。因此，文化遗产也是人类社会重要的文化资源，对其进行深入

阿拉善盟曼德拉山岩画《狩猎图》

巴彦淖尔市小佘太秦长城遗址

的发掘研究，既是对优秀民族文化的继承与认知，也是为建设文化强区提供精神动力与智力支持。所以，将丰富的文化遗产资源优势转化为强大的发展优势和发展动力，在文化建设上实现新的跨越，这也是提升国家文化软实力、建设文化强区的迫切需要。

再次，对文化遗产的发掘研究，是让文化资源惠及民众的必然要求及有效途径，也是文化大发展、大繁荣的时代需要。文化遗产是国家重要的文化资源，承载的信息量丰富，知名度高，对社会的影响巨大，是丰富人民精神世界、增强人民精神力量的重要介质。人民群众是文化遗产的所有者、鉴赏者和传承者，文化遗产保护必须依靠人民群众，文化遗产保护成果也必须惠及社会，融入社会，为民造福。文化遗产是中华民族文化的结晶，也是中华民族多元一体文化格局的实物见证。弘扬社会主义先进文化，增强全民族文化创造活力，推动文化事业全面繁荣发展，这就是我们实现文化遗产价值的现实需要，也是我们要保护、弘扬文化遗产的根本目的。

锡林郭勒盟文化遗产综述

程鹏飞

锡林郭勒为蒙古语音译，意为"丘陵之河"，因境内著名的锡林河而得名。"盟"为清朝蒙古各部的会盟制度的由来，现为地级行政单位[1]。锡林郭勒盟位于内蒙古自治区中部地区，地处东经115°13′～117°06′，北纬43°02′～44°52′，北与蒙古国接壤，国境线长1098公里，南邻河北省张家口市、承德市，西连乌兰察布市，东接赤峰市、兴安盟和通辽市，是东北、华北和西北的交汇地带，既具有重要的交通地位，也是华北地区重要的生态屏障区。

锡林郭勒盟现辖二个县级市、一个县、九个旗、一个管理区，即锡林浩特市、二连浩特市、多伦县、阿巴嘎旗、苏尼特左旗、苏尼特右旗、东乌珠穆沁旗、西乌珠穆沁旗、太仆寺旗、镶黄旗、正镶白旗、正蓝旗和乌拉盖管理区。盟委、行署驻地在锡林浩特市。锡林郭勒盟作为边境盟市，拥有二连浩特、珠恩嘎达布其等口岸，其中，二连浩特市在1992年被国务院列为全国13个沿边开放城市之一。锡林郭勒盟国土面积为20.26万平方公里，人口101.6万，是以蒙古族为主体，汉族占多数的民族聚居区。

一　锡林郭勒盟自然环境概况

锡林郭勒盟是一个以高平原为主体，兼有多种地貌单元的地区。境内地势南高北低，东、南部多低山丘陵，盆地错落其间，为大兴安岭向西和阴山山脉向东延伸的余脉。西、北部地形平坦，零星分布一些低山丘陵和熔岩台地，为高原草场。浑善达克沙地由西北向东南横亘中部，东西长约280公里，南北长约40～100公里，多为固定、半固定沙地。锡林郭勒盟属于典型的中温带大陆性气候，区域内长冬短夏，春秋不显著，主要气候特点是冬季干旱、寒冷、风大，夏季凉爽、较湿润。年平均气温0～3℃，结冰期长达五个月，寒冷期长达七个月。1月气温最低，平均−20.4℃，极端低温为−42.4℃；7月气温最高，平均21℃，极端高温为39.9℃。气温日较差平均为12～16℃，年较差为35～42℃。年降水量差异较大，东南部最大降水量628毫米（太仆寺旗），西北部降水量83毫米（二连浩特市），平均降水量为295毫米。降雨多集中在7、8、9三个月内，降雪多集中在每年的11月至翌年3月。年平均相对湿度在60%以下，蒸发量在1500～2700毫米之间，由东向西递减。年日照时数为2800~3200小时，日照率64~73%，无霜期110~130天。锡林郭勒盟的气候特点决定了其具有丰富的风能和太阳能资源。

锡林郭勒盟主要河流有二十余条，大小湖泊1363个，其中淡水湖672个，分为三大水系，即南部正蓝旗、多伦县境内的滦河水系，中部的呼尔查干诺尔水系，东北部的乌拉盖水系。锡林河、乌拉盖河为境内最大的内流河。额吉淖尔湖、巴彦淖尔湖等盛产盐、碱等物产。

锡林郭勒草原拥有丰富的自然资源，以其草场类型齐全、区系群落多样，动植物种类繁多等特征而成为世界驰名的四大草原之一，属欧亚大陆草原区。境内有全国唯一被联合国教科文组织纳入国际生物圈监测体系的锡林郭勒国家级草原自然保护区。这里是国家和自治区重要的畜产品基地，可利用优质天然草场面积达十八万多平方公里，占全自治区的五分之一。牛、马、羊、驼等草食家畜拥有量位居全国地区级首位，是国家重要的畜产品基地。在家畜资源中，尤以内蒙古细毛羊、苏尼特羊、锡林郭勒马、乌珠穆沁羊、乌珠穆沁白绒山羊、乌珠穆沁牛、草原红牛和苏尼特驼最为知名。其中，苏尼特羊和乌珠穆沁羊以其肉质鲜嫩而备受赞赏并出口中东国家。锡林郭勒盟除了是著名的牧场外，也有大面积的农作物种植区，主要分布在南部地区的太仆寺旗、多伦县、正蓝旗、正镶白旗、苏尼特右旗及锡林浩特国营农牧场，耕地面积三百余万亩，多为暗栗钙土和栗钙土，以旱作农业为主，主要种植小麦、莜麦、马铃薯、胡麻等农作物。

二 锡林郭勒盟历史简述

锡林郭勒自古以来就是我国北方各族人民劳动生产、繁衍生息的地方。其地区的历史发展也经历了史前时代、原始时代与历史时期等脉络。

早在更新世晚期（距今12.6万~1.2万年左右），锡林郭勒地区就有人类生存繁衍。目前已经发现并初步确认的旧石器时代遗址点三处，岩画群八处，在境内南北均有分布。其中，东乌珠穆沁旗金斯太洞穴遗址发现了旧石器时代中期晚段（^{14}C测年距今3.6万年）到青铜时代的连续地层堆积。在旧石器时代地层中发现了人类用火遗迹，出土了大量的打制石器、细石器、晚更新世晚期的动物骨骼化石等珍贵遗存[2]。金斯太洞穴遗址的考古发现对北方草原地区旧石器时代中晚期之交的气候环境变迁，人类生业模式与生存策略，现代人的起源、迁徙、扩散，石器制造工业和技术，与蒙古、贝加尔、远东等周邻地区同期文化的互动关系，旧、新石器时代转变机制等学术课题的研究都具有十分重大的价值[3]。此外，在苏尼特、阿巴嘎和锡林浩特地区发现的大量岩画群，有不少人面纹、重环纹等图案被确认为是旧石器时代作品，这也是古人类在锡林郭勒地区生存活动时遗留的证据[4]。

环境学研究显示，随着第四纪晚更新世末次冰期的结束（距今1.2万年左右），北半球中纬度地带逐渐开始升温。在距今8500~3500年前，被称为全新世大暖期，这一时期也是人类文化发展的适宜期。根据浑善达克沙地锡林浩特剖面以及太仆寺剖面分析，这一时期内，虽然有几次的冷暖交替，但总体上锡林郭勒地区的气候较为温暖、降水丰沛、湖面扩大、水位升高，古土壤发育，淋溶作用增强，羊草−针茅草原中分布有大量C4类植物[5]。这为古人类的采集、渔猎经济提供了良好的环境条件，锡林郭勒地区由此进入了新石器时代。目前在全盟境内发现新石器时代遗址点共计31处，遍布全盟南北东西。锡林浩特市宝力根苏木巴彦淖尔遗址发现了大量的磨制石器与大型打制石器。磨制石器主要包括磨盘、磨棒、石斧、石锛等工具，打制石器有类似内蒙古东南部兴隆洼文化的锄形器和铲形器。从石器的器形特点来看，也许揭示了巴彦淖尔遗址的年代或与兴隆洼文化的年代趋同，均为大暖期开始后不久出现的新石器时代文化，或为锡林郭勒地区迄今发现的年代最早的新石器时代遗址之一。阿巴嘎旗丹仑土仑遗址发现了大量的细石器、磨制石器，但是遗址内陶片甚少，研究者认为该遗址的年代、内涵与红山文化相近[6]。锡林郭勒东部地区还发现了新石器时代末期的遗存，陶片与小河沿文化的陶器风格较为相似。总体上看，目前发现的锡林郭勒地区的新石器时代遗址有以下几个特点：其一，多数遗址的地表形态均为"芒哈"（或"曼哈"）类型，即"沙窝子"遗址。该类型遗址在锡林郭勒草原地区屡有发现，约占新石器时代遗址总数的80%以上。其二，陶器数量较少，陶质疏松。陶系一般以夹砂灰褐陶为主，偶有夹砂红陶，且多为素面。陶器的数量与质量或为"陶器北界限"的体现[7]。其三，打制石器较多，磨制石器较少。打制石器多见体形硕大、打制工艺粗糙的石锄、石斧类工具；磨制石器通体磨光者甚少，多为刃缘部位的磨光，器形多为斧、锛、凿等木工工具；磨盘、磨棒发现较多，或与处理采集到的C4类小粒植物有关，而并非农业经济的体现。其四，细石器传统一直存在。每个新石器时代遗址点几乎普遍伴随着大量细石器，包括细石叶、细石核、石镞、石矛等，这反映了草原地区新石器时代的自然环境与生业形态。

距今3500年左右，锡林郭勒地区进入了青铜时代。史书记载，对应中原的夏、商、西周时期，在锡林郭勒一带曾活动着猃狁、獯鬻等古代北方民族，这些民族为游猎和从事蓄养的氏族部落。早期铁器时代，也即对应中原的春秋战国时期，锡林郭勒地区系澹褴、东胡所居。这一时期，锡林郭勒地区迄今尚未发现与内蒙古中南部地区的朱开沟文化−西岔文化或内蒙古东南部地区的夏家店下层−夏家店上层文化同期的青铜时代至早期铁器时代聚落遗址和墓葬，也少见类似北方系青铜器等时代特征显著的物质文化遗存。但是，青铜时代至早期铁器时代确是北方草原地区岩画创作的黄金时期，目前发现的阿巴嘎、苏尼特、锡林浩特地区的岩画的主体年代以该时期为大宗。从岩画的内容上来看，主要是草原地区的各类动物纹以及狩猎、战争场面、单辕车形岩画等。大量的车形岩画、群马等图案的出现为我国晚商时期中原地区车、马的起源问题等研究课题提供了重要的对比材料[8]。

公元前3世纪末，匈奴击败东胡，盘踞蒙古高原。公元前221年，秦始皇统一六国建立秦帝国后，连接北方列国的长城带物化成为中原农耕民族与北方游牧民族的边界。长城之外的草原居民也迅速、对应性地形成了一个强大的政治军事联盟——匈奴，他们以统一的形式对抗中原的统一[9]。秦时期，锡林郭勒南部属上谷郡北境，西南部为渔阳郡北境。多伦县境内现存的燕长城（后为秦长城）就是游牧与农耕的实体界限。

西汉时期，锡林郭勒地区为匈奴单于庭直辖，东部为乌桓部辖地，南部属于幽州。目前，有学者认为西乌珠穆沁旗的吉仁高勒城址或为汉代的匈奴城址。锡林浩特地区也发现了汉代陶窑址，但这些遗存的性质和内涵还有待于今后考古工作的进一步确认。东汉初期，汉朝廷为防止匈奴役使乌桓，将部分乌桓部众由长城外逐渐迁移到长城内。与乌桓同出东胡系的鲜卑也趁势南下、西迁，填补了原来的乌桓故地，锡林郭勒地区遗留下丰富的鲜卑物质文化遗存。正蓝旗和日木图墓葬出土的三鹿纹铜牌饰，二连浩特市盐池墓葬出土的桦树皮器底以及奔鹿纹铜腰带[10]，镶黄旗博和音敖包墓葬出土的夹砂陶壶与陶罐，苏尼特左旗吉布胡郎图墓葬出土的夹砂菱格纹陶罐、铜带钩、三翼铜镞、绿松石等均被确认为鲜卑早期遗存，年代均被推测为东汉晚期阶段。鲜卑的迁徙是一个长期、长程的历史阶段，因此这都证明了锡林郭勒草原是鲜卑南迁的必经之地[11]。

魏晋北朝时期，拓跋鲜卑在阴山以南建立政权，锡林郭勒南部地区为鲜卑所辖，北部地区却成为柔然的勃兴之地。为了防御柔然南侵，北魏王朝在北方草原地带建立了军事重镇和长城体系。锡林郭勒南部的多伦县、正蓝旗和太仆寺旗境内均有北魏长城分布。近年来，在正镶白旗伊和淖尔地区发现了一处北魏时期的贵族墓地，该墓地位于浑善达克沙地南缘，北魏长城一线以北，其等级规格之高、地缘之特殊、西方文化因素之突出，均令人出乎意料。伊和淖尔墓地为锡林郭勒地区的边疆史地以及中西文化交流等课题的研究提供了极为重要的实物资料[12]。

早在552年，蒙古高原上的青突厥人就建立了突厥汗国，突厥语系的诸部落达到了空前的统一。隋唐时期，锡林郭勒北部、东部由东突厥占据，后成为突厥单于都护府辖地。锡林郭勒地区发现的隋唐时期古遗址、古墓葬、岩画群等不可移动文物点共计84处。其中，以苏尼特、阿巴嘎地区的石板墓、石堆墓群占大宗（约占80%以上），部分墓群还遗留有石雕人像。由于锡林郭勒草原独特的自然环境，决定了游牧民族政权是建立在"四时迁移，追逐水草"的游牧经济基础之上的。经济上的分散性、脆弱性及不稳定性，反映到政治上必然是组织松懈，政权难以长期稳定，国力忽强忽弱、骤兴骤变，极容易形成各游牧部落争相称霸的局面。也正是这种特殊的政治、经济环境，造就了突厥民族"重兵死而耻病终"的社会生存价值观念[13]。同其他游牧民族一样，"尚武"

传统在突厥人的社会中是根深蒂固的，所以，突厥人"以弓矢为爪牙，以甲胄为常服。"这种骑士精神与尚武传统的发扬与传承的直接结果是形成了突厥社会中"刻石记功"、"杀人立石"的"石刻文化"。分布于锡林郭勒北部地区的为数众多、风格独特的"翁仲"、"直立"式石雕人像即是其代表[14]。有学者考证锡林郭勒地区的石人、石堆墓的年代有的可能稍早于隋唐时期，或为柔然人治下的突厥人，有的是突厥汗国时代的突厥人，也有后突厥时期的突厥人。总的来说，这些墓葬的年代可能是公元6~8世纪的遗存[15]。

916年，北方民族契丹建立政权后，锡林郭勒地区被纳入上京临潢府管辖。现西乌珠穆沁旗额木廷混地，锡林浩特市斯仁温都尔、马蹄山，多伦县大北沟、牛心山等地均发现辽代墓葬群，出土了铜镜、鸡冠壶等辽代风格的随葬品，部分墓葬内部还设有黄柏木棺椁、棺床小帐等高等级葬具。从鸡冠壶的特征来看，墓葬年代从辽代早期到晚期均有发现。锡林浩特的巴彦锡勒古城址，是锡林郭勒地区目前唯一一处被确认的辽代城址，被专家考证为仪坤州故址。

1115年，女真族建立大金国，锡林郭勒东部属金临潢府路庆州所辖，设置大盐泺群牧司，北部由广吉剌部所居。现东乌珠穆沁旗的额吉淖尔盐池盛产青盐，行销四方，在其湖畔发现了大量金代风格的陶瓷片及建筑遗迹等，推测即为金代著名的大盐泺群牧司驻地。锡林郭勒南部属宣德州辖地。金世宗大定八年（1168年）五月，以"莲者连也，取其金枝玉叶相连之意"，将曷里浒东川命名为金莲川。大臣移剌子敬请求将西北路招讨司北迁至界壕附近，以保护皇帝的安全。于是，金莲川上的旧桓州城就成为西北路招讨司的治所。旧桓州在今正蓝旗黑城子种畜场第四分场北1公里，当地俗称"旧太平镇"[16]。后因战略防御之需，将旧桓州城废弃，在其东北24公里另建新城，也即四郎城。四郎城成为金代西北地区的边防重镇。金王朝为了防御其北部和西北部的蒙古部族侵扰，在锡林郭勒境内修筑了多道界壕。目前，有10个旗、县、市区内发现有金代不同时期所筑的界壕防御工事。锡林郭勒西部地区在金代时为阴山汪古部所辖[17]，现苏尼特地区遗留有汪古部的岩画作品。此外，金代墓葬在锡林郭勒地区也时有发现。

元朝初，锡林郭勒地区为扎剌儿部兀鲁郡王营地。13世纪中叶，忽必烈延揽汉族谋臣刘秉忠在金莲川草原建起元代第一都城——元上都。嗣后，又在北京建立了大都，实行两都制。元上都作为元朝的夏都，是元朝重要的政治、经济、文化中心之一。元上都遗址是13~14世纪欧亚草原游牧文明的重要代表，它的建设规划形成了城市与草原融为一体的总体格局，体现了人与自然的和谐统一，这一特色在世界都市发展史上也别具一格。锡林郭勒地区作为元王朝腹里之地，是当时以蒙古族为主体的各民族最重要的生居死葬之地，除了在元上都附近发现了铁幡竿渠、烽火台、城外四面关市等一系列城市附属建筑和设施外，还发现了砧子山、一棵树、羊群庙等墓地和祭祀遗址。此外，在镶黄旗、苏尼特左旗、东乌珠穆沁旗等地分别发现了乌兰沟[18]、恩格尔河[19]、哈力雅尔[20]等出土金马鞍的蒙古贵族墓葬以及其他数以百计的蒙元时期墓葬，这些墓葬是研究蒙元时期锡林郭勒地区的社会形态、经济发展以及宗教民俗等诸多课题的宝贵材料。元至正十一年到至正二十七年（1351~1367年），农民起义此起彼伏，直到朱元璋推翻元朝建立明朝。元顺帝由大都退居上都，后又退避应昌路抑郁而终。元代蒙古统治者北遁大漠，分化为瓦剌、鞑靼、兀良哈等部，与明朝长期南北对峙，史学界称其为"北元"[21]。

　　明朝洪武年间，明军多次攻打上都地区。据刘佶的《北巡私记》记载，至正二十八年（1368年）八月十五日，元顺帝仓皇由大都撤回到上都时，上都的景象已经是"公私埽地，宫殿官署皆焚毁，民居间有存者。"[22]永乐年间，将上都改称开平前屯卫，应昌、桓州降为驿站。因鞑靼、瓦剌等北元蒙古部的多次扰边，明成祖朱棣遂决定御驾亲征。朱棣在位时期曾五次亲征（每次军队均行经锡林郭勒地区），直到第五次亲征在回师途中驾崩于榆木川（一说在今西乌珠穆沁旗的东南部）。扈从文人金幼孜在《北征录》里记载了永乐八年（1410年）第一次亲征的详细情况，七月初二日回师途中，"次开平，营于斡耳朵，华言'宫殿'也。元时宫殿故址犹存，荒台断砌，零落荒烟野草间，可为一慨。"[23]可见元末明初短短的四五十年时间，元上都已经被严重破坏，宫室残毁殆尽。与明蒙战争有关的遗迹还有苏尼特左旗境内的"玄石坡"、"立马峰"石刻，这是永乐八年（1410年）明成祖朱棣第一次亲征时遗留的记功勒铭，锡林浩特地区发现的数件永乐七年的铜火铳也与史籍所记载的明蒙战争情况相吻合。至明朝万历年间，也即北元中后期，成吉思汗第十八世孙、博迪阿剌克成为乌珠穆沁部首领（千户长）。现东乌珠穆沁旗乌里雅斯太镇的翁衮查布查尔地区就有博迪阿剌克的季子翁衮都喇尔的墓葬。史载，翁衮都喇尔曾参与多次明蒙战争，在作战中智勇双全，立下了赫赫战功[24]。

　　1616年，女真首领努尔哈赤立国称后金。清军入关后，在顺治时期率先占领察哈尔部地区，并对漠南蒙古实行了有效统治。康熙亲政后，于康熙十四年（1675年）把察哈尔部原辖区划分为蓝、白、黄、红，各分正镶二旗，称蒙古八旗，其中镶黄、正白、镶白、正蓝均在现锡林郭勒南部地区。并在宝昌一带增设了太仆寺左右翼牧群、明安牧群以及商都牧群，隶属清廷直隶口北三厅。太仆寺旗就此成为清廷著名的皇家御马场，现哈夏图皇家马厩遗址就是其中的御马场之一。康熙时，漠北蒙古三部虽然向清朝表示恭顺，并且每年进奉"九白之贡"，但是清王朝对其还是没有实施有效的统治；漠西厄鲁特蒙古的首领噶尔丹，自康熙十年（1671年）称准噶尔汗以后，势力渐强，野心膨胀，欲霸占外蒙古和内蒙古的领地，控制青海和西藏的统治权。康熙二十六年（1687年），噶尔丹进攻喀尔喀。喀尔喀三部被打败，率十万众南下进入内蒙古，得到清政府的保护和安置。锡林浩特巴彦锡勒牧场乌拉苏太分场的土围子就是曾经安置喀尔喀南下部众时的遗址。康熙二十九年（1690年），噶尔丹以追赶喀尔喀三部为由，进犯内蒙古。康熙帝率军御驾亲征，打败噶尔丹主力。为巩固战果，翌年在"川原平衍，水泉清溢，去天闲，刍牧之场甚近"的多伦诺尔召集了外蒙古三部、内蒙古四十八旗王公参加了会盟大会，史称"多伦诺尔会盟"。为了纪念此次会盟盛典，也因深感于喇嘛和黄教在蒙古归顺过程中所起的作用，康熙接受蒙古王公的请求，在多伦诺尔敕建喇嘛庙，起名汇宗寺，意为"佛法无二，统之一宗"，以此来规范蒙古民众，以达到团结一致，心向清朝[25]。汇宗寺建成后，很快成为塞外黄教中心，同时也带动了多伦诺尔的商贸。嗣后，雍正帝效祖宗之法，在多伦诺尔汇宗寺之西南1公里建立了善因寺。因清朝皇家的大力扶持，使得多伦诺尔宗教地位隆崇，再加之旅蒙商的进驻，使之成为塞外著名集镇。汇宗寺和善因寺的兴盛，带动整个锡林郭勒地区的黄教发展，草原上的庙宇如雨后春笋般建立起来，直到民国时期还有庙宇建立。据第三次全国文物普查数据统计，锡林郭勒地区的清代庙宇及寺庙址多达三百余处。清崇德、顺治、康熙年间，对锡林郭勒河一带的苏尼特、阿巴嘎、阿巴哈纳尔、浩济特、乌珠穆沁五部先后分别设置左、右翼两个旗，共十旗，均设扎萨克，会盟于锡林河北岸的"楚古拉干敖包"山上，命名为锡林郭勒盟，这就是锡林郭勒盟地名的由来。乾隆二十六年（1761年），始设察哈尔都统，管辖察哈尔八旗、四牧群和锡林郭勒五部十旗诸王。清嘉庆年间迁盟址于贝子庙，从此，贝子庙在锡林郭勒地区的政治、经济、文化、交通上的重要地位逐渐显现。有清一代，是锡林郭勒地区历史发展的又一次重要时期，这一时期，北部的五部十旗和南部的察哈尔地区被划定固定领地，这都奠定了锡林郭勒今日的地理人文格局。

1840年第一次鸦片战争，中国历史进入近代。为抵御外辱，清政府从蒙古各旗抽调旗兵驻防海疆沿岸的战略要地，锡林郭勒有近六千名官兵赴各地参战，为中华民族反抗外国侵略做出了突出贡献。民族英雄、高级将领裕谦即为镶黄旗蒙古人。20世上半叶，是中国革命风起云涌、推翻封建统治、建立中华民国，以及蒙古人要求民族地方自治和抗击日本帝国主义侵略的重要历史时期。

辛亥革命时，1912年11月，外蒙古在当时沙皇俄国的支持下宣布独立，并派军队兵分三路进驻内蒙古，其中一路沿张库大道进驻锡林郭勒地区，还占据了内蒙古喇嘛教和商业贸易中心多伦诺尔。多伦诺尔因政治动乱，兵匪蜂起，旅蒙商避乱内迁，造成了繁荣了两个世纪的商业集镇出现了前所未有的萧条。1913年9月，北洋政府在内蒙古盟旗的支持下派军队驱逐外蒙军。外蒙军在撤离时，对锡林郭勒沿途地区进行抢劫，苏尼特左旗王府与查干敖包庙就曾遭到洗劫。1914年，北洋政府将察哈尔部正蓝旗、镶黄旗、正白旗、镶白旗、四牧群和多伦县以及苏尼特、阿巴嘎、阿巴哈纳尔、浩齐特、乌珠穆沁等五部十旗设置为察哈尔特别行政区域。1925年，外蒙古的独立建国和对其王公政权的废除，对内蒙古盟旗王公带来了极大震动。锡林郭勒盟盟长杨森卸任，索王接任盟长，年轻的苏尼特右旗札萨克德穆楚克栋鲁普（德王）升任了副盟长。北洋政府时期，随着清王朝的覆灭，部分喇嘛庙遭到了毁坏，这一时期，西方的基督教与天主教进入太仆寺地区，建立了教堂与教会男女学校等。

1927年后，进入了国民党统治时期。1928年，将锡林郭勒盟南部划归察哈尔省。建省后，国民政府将王公贵族世袭制改为地方长官任命制，但推举任命的都是王公上层，盟旗官员也开始称盟、旗长官了。锡林郭勒盟的索王、德王和察哈尔蒙旗的卓特巴扎布被推举为察哈尔省的政府官员[26]。

1931年，日本侵略者发动"九一八"事变，侵占了我国东北三省。1932年成立了伪满洲国后，关东军的势力就伸向内蒙古西部，首当其冲的就是察哈尔省的锡察盟旗。1933年，日本先后在多伦、宝昌、德王府、索王府、贝子庙等地建立贸易掠夺的分支机构。其中贝子庙就成为"大蒙公司——贝子庙小奉任部"。1936年德穆楚克栋鲁普在德王府成立"蒙古军政府"并挂牌"蒙古军总司令部"，辖察哈尔盟和锡林郭勒盟。

抗日战争时期，日本侵略者为了控制伪蒙政权，将德王的"蒙古军政府"改为蒙古联盟自治政府，并在各级政府中安插以政府顾问和参事官为名的日籍官员。现存太仆寺左翼衙门旧址上的建筑，在1937~1939年间就被日本人翻修使用过。1939年，德王成立了伪"蒙疆联合自治政府"，锡林郭勒地区被管辖在内。日本侵华时期，不但对锡林郭勒地区进行经济上的掠夺，还在文化上进行窥探。如对文化古迹、宗教信仰情况的详细考察和调研。1937年日本东亚考古学会组成考古调查队，对元上都遗址进行了调查，1941年后出版了考古报告《上都》一书。1943年日本派出考察队，对内蒙古的喇嘛教和寺庙情况进行了考察调研，并撰写出版了《内蒙古喇嘛教情况》和《内蒙古巨刹——贝子庙》等考察报告。

抗日战争胜利后，1945年10月，乌兰夫、克力更、奎壁、陈炳宇等人由张家口驱车赶到当时称为"内蒙古共和国临时政府"的德王府。在德王府，乌兰夫以绥蒙政府主席身份重新改选了临时政府人员，后成立内蒙古自治联合会，收编了临时政府人员，临时政府也自行解散。

1946年废除了封建王公制度，成立察哈尔盟人民政府和锡林郭勒盟人民政府。1947年锡林郭勒盟被划归内蒙古自治区。

锡林郭勒地区不仅是内蒙古民族自治运动的发源地，而且也是内蒙古自治运动联合会第一个建立自治政权的地方，同时也是内蒙古民族解放斗争的根据地，为内蒙古最重要的红色革命纪念地之一。如贝子庙就曾作为锡察革命根据地的指挥中心，现也被评为锡林郭勒地区红色革命基地和爱国主义教育基地。解放战争中，锡盟地区的军民在共产党的领导下以不屈不挠的精神与反动武装进行英勇斗争，留下许多可歌可泣的英雄事迹。为此，新中国成立后，在锡林郭勒地区建立纪念馆2处，纪念碑12处，烈士陵园6处，共计20处，均被作为重要的爱国主义教育基地。

1949年新中国成立后，察哈尔盟辖五旗。1950年将多伦、宝昌、化德三县划归察盟。1956年撤销明太联合旗合并于正蓝旗，将正镶白联合旗更名为正镶白旗，合并宝昌县和太仆寺左旗，更名为太仆寺旗，商都镶黄联合旗更名为商都镶黄旗，后划归化德县，又划出定名为镶黄旗。1949年将锡盟原来的10旗编为五旗，即东部联合旗、中部联合旗、西部联合旗、苏尼特左旗和苏尼特右旗。1952年撤销中部联合旗，1956年改编为五旗。

1958年，锡察盟合并，撤销察哈尔盟，改称锡林郭勒盟，辖九旗（东乌珠穆沁旗、西乌珠穆沁旗、阿巴嘎旗、苏尼特左旗、苏尼特右旗、正镶白旗、正蓝旗、商都镶黄旗、太仆寺旗），两县（多伦县、化德县）。1963年设立阿巴哈纳尔旗，1966年设立二连浩特市。1969年将锡盟所辖的苏尼特右旗、二连浩特市、化德县划归乌兰察布盟。1980年将苏尼特右旗和二连浩特市划归锡盟。1983年撤销阿巴哈纳尔旗改设锡林浩特市。

三　锡林郭勒盟文物考古事业的发展

锡林郭勒的文物考古事业，是在新中国成立后，在中国共产党的领导下，逐渐从无到有，从小到大发展起来的。尤其是在改革开放以来，锡林郭勒的文物考古事业逐渐步入正规化，进入发展的快车道。

在新中国成立前的近代，国外的许多旅行家和历史学者都曾到过锡林郭勒地区，对该地区的历史古迹进行过调查（有的是为帝国主义侵华服务所进行的文化上的窥探，甚或盗掘和掠夺）。许多外国旅行家和学者都有旅行记和研究报告发表，这些资料虽比较零散，但对今日的历史、考古研究等都具有一定的学术参考价值，这也是锡林郭勒地区考古学史所不能回避的部分。因此，锡林郭勒的文物考古可分为1872～1937年及新中国成立至今两个大的时期。

第一时期：1872～1937年。主要是外国人在锡林郭勒地区的探险、旅行考察活动。

同治十三年（1872年），英国驻华使馆医官卜士礼（Stephen Wootton Bushell）和他的同事克拉斯维诺尔（T.G.Grosvenor）就曾勘察过元上都遗址，1874年发表的《中国长城旅行记》中就有关于元上都遗址的记述，部分内容颇为详细，如对现已消失的门址结构就描述得相当细致[27]。光绪十八年（1892年），俄国外交部奉沙皇之命派遣了蒙古学者阿·马·波兹德涅耶夫来到内蒙古地区，调查内蒙古的行政制度和现状。他在中国的15个月期间，就曾到过多伦诺尔、正蓝旗和乌珠穆沁旗等地，调查了多伦诺尔的寺庙以及元上都遗址等众多古迹，后著有《蒙古及蒙古人》一书[28]。光绪三十二年（1906年），比利时人里尔伯赫在内蒙古旅行时也到过锡林郭勒地区，对于元上都等众多古迹也有较为详细的记载。1908年，日本学者桑原骘藏在清朝留学期间，考察过正蓝旗元上都遗址，拍摄了保存尚好的宫城南门照片，出版了《考史游记》一书。同年，鸟居龙藏也到上都遗址进行过短期逗留和考察。1921～1932年，美国人安德鲁斯率领的中亚古生物考察团在二连浩特地区进行多次古生物考察和发掘，在他们工作期间，也对二连浩特附近地区的一些自然人文景观以及古遗址等进行过调查和记录，伊林驿站的老照片资料就多出自他们的报告。1925年，蒙古地理学者易恩培（Lawrence Impey）对元上都遗址进行了调查和实测，写成《忽必烈的夏都——上都》一书。这是1937年日本东亚考古学会调查发掘元上都之前，当时留存于世的最详细、最准确的调查报告。1931年，日本东亚考古学会的江上波夫等到锡林郭勒地区进行地质、人类、古文化等考察，在锡林郭勒地区发现并调查了许多历史遗迹，并留下了生动详细的记载。如在过库尔查干淖尔湖畔的沙地时，江上波夫一行在一个非常大的沙丘底部，"看到了无数的细石器，还有许多较大的石制器皿，他们采集到了许多梦寐以求的石器和陶片，将旅行背包装得满满的，尽管很重，但他们毫无怨言。"[29]最后，他们把在锡林郭勒等地区收购和采集甚至盗掘的全部文物和艺术品经通过开往四平的火车，辗转运回日本。1937年日本东亚考古学会组织原田淑人、驹井和爱等调查了正蓝旗元上都遗址，1939年出版了专著《上都——蒙古多伦诺尔元代都址调查》一书。在整个抗日战争和解放战争期间，锡林郭勒地区的调查探险也完全停滞。

第二时期：1949年中华人民共和国成立后的六十多年。这一时期又可分为三个阶段，即1949～1978年，1979～1995年以及1996年至今。

第一阶段：1949～1978年——筚路蓝缕萌芽阶段。新中国成立后，内蒙古地区的文物考古事业几乎从零开始。1954年蒙绥合并前，内蒙古自治区和绥远省的文化行政部门仅有五名文物干部。从1954年春正式成立了内蒙古自治区文物工作组以后，文物工作者筚路蓝缕以启山林，开始了对全区范围的考古工作。我国的第一次全国文物普查从1956年开始，那时，普查规模小，程序不规范，没有留下统计数据。内蒙古地区更是因地域面积大，交通不便，文物工作者人员较少，当时仅对呼和浩特、包头、赤峰、乌兰察布、巴彦淖尔、鄂尔多斯等地区的部分旗县进行了调查。一普期间，内蒙古文物工作组的张郁到锡林郭勒正蓝旗的元上都遗址进行了调查，绘制了城址的平面示意图[30]。张郁调查正蓝旗过程中还在锡林郭勒草原上发现了石人、石堆墓等遗迹。1959年7月，中苏中亚古生物考察团的成员齐永贺在苏尼特右旗伊尔丁曼哈地区（今二连属地）发现细石器遗址[31]。此外，20世纪50～60年代的整个锡林郭勒地区的考古工作几乎很少开展。

十年动乱期间，全国的文物考古事业都遭到了很大的挫折，1972年恢复业务活动伊始，内蒙古文物工作队的丁学芸、吉发习、郭素新等就调查了阿巴嘎旗的巴彦图嘎石人、石堆墓，并对其中的两座墓葬进行了发掘[32]。1975年，郑隆、田广金先后对苏尼特右旗和苏尼特左旗的石人墓进行了调查。1972～1976年，丁学芸、荷云、陆思贤等调查了锡林郭勒地区文物。1977年，内蒙古大学的贾洲杰、周清澍等发表了对元上都遗址较为详细的调查和测绘成果[33]。这个阶段，锡林郭勒地区没有专门的文物机构，田野工作零零星星，主要集中在元上都遗址和部分旗县的石人、石堆墓的调查方面。

第二阶段：1979~1995年——辛勤耕耘起步阶段。改革开放以后，锡林郭勒的文物考古事业呈现出生机勃勃的发展势头。1979年，锡林郭勒盟文物工作站正式成立。建站不久，恰逢第二次全国文物普查（自1981年秋至1985年）。这时对于建站之初，稍加培训就需投入到全盟文物普查工作中的锡盟文物工作者来说，是何等不易。他们面临着业务人员少、普查地域大、工作条件差等诸多困难，但是他们克服重重困难，胜利完成了对全盟12个旗县市区共二十余万平方公里国土面积内的古遗址、古墓葬、古建筑、岩画石刻以及民族文物的分布情况等的实地调查[34]，共记录不可移动文物点174处。第二次全国文物普查是锡盟地区文物工作的真正起步阶段，这次普查锻炼了文物工作者的业务能力，为今后的工作做好了准备。但是受资金、技术等条件的制约，这次普查对遗址点的漏查较多，记录较粗。在第二次文物普查的基础之上，锡林郭勒地区的考古发掘工作开始有序进行。1990年，内蒙古自治区文物考古研究所李逸友对元上都城南砧子山南区墓地进行考古发掘，共计发掘96座墓葬，出土大量随葬品，发掘者推断砧子山南区墓葬为元代汉族人的族墓地[35]。砧子山墓地的发掘拉开了元上都地区考古发掘的序幕。1992年，内蒙古自治区文物考古研究所魏坚、陈永志对正蓝旗羊群庙元代祭祀遗址进行考古发掘，认为该遗址是蒙古帝王贵族就近祭祀先祖的遗址[36]。1993年，魏坚、曹建恩在内蒙古航测遥感大队的配合下，测绘了正蓝旗元上都遗址。1995年，魏坚、曹建恩对元上都一棵树、卧牛石元代墓葬进行考古发掘工作。

1993年，魏坚、陈永志发掘了锡林浩特市的斯仁温多尔辽代墓葬。同年，内蒙古自治区文物考古研究所盖山林、盖志浩考察锡林郭勒盟岩画及石人，并做了保护工作。1994年，李中核、梁京明对多伦县山西会馆进行了勘察设计。1995年，李中核、张汉君对苏尼特左旗查干敖包庙、锡林浩特贝子庙维修工程进行了考古勘察设计。这个阶段，文物考古工作范围有所扩大，除了"二普"的调查外，最为重要的是对元上都地区考古发掘工作的有序展开，不但发掘了砧子山、羊群庙、一棵树、卧牛石等墓葬与祭祀遗址，而且还扩展到其他区域，如对锡林浩特地区的部分辽代墓葬的考古发掘工作，发现了镶黄旗乌兰沟元代贵族墓葬等[37]。另外，这一阶段还开展了岩画的专项调查和保护以及古建筑的勘察、设计、维修工程等。上述工作除了锡林郭勒盟文物站参与配合以外，各旗县市区新成立的文物行政和业务部门也都给予了大力地支持和积极地配合。这一阶段，文物工作部门的普遍成立为锡林郭勒地区的文物考古事业的发展增添了生力军，也使工作上了一个新的台阶。

第三阶段：1996年至今。1996年，从元上都遗址首次被列入中国申报世界文化遗产预备名录起，作为这一阶段开始的标志。根据联合国教科文组织的要求，为了展现元上都遗址的真实性和完整性，对元上都遗址的系统考古发掘工作正式展开。内蒙古自治区文物考古研究所围绕元上都遗址的申遗工作，对元上都城墙、宫殿及周边附属设施、墓地等遗迹进行了主动性、系统性的考古调查、测绘、发掘工作。1996年，发掘元上都1号宫殿基址；1997年，发掘元上都宫城内宫殿基址；1997年，内蒙古自治区文物考古研究所与中国历史博物馆合作对四郎城、元上都、砧子山、一棵树墓地等大型古遗址、古墓葬进行了为期50天的遥感和航空摄影工作[38]；1998年，发掘元上都南关元代遗址；1998~2000年，三次发掘多伦县砧子山元代墓地；1998年，调查发掘锡林郭勒盟正蓝旗元上都及周边墓葬；2002年，清理修复元上都皇都东墙；2003年，清理修复元上都明德门瓮城[39]；2008~2011年，对城址的关厢地带、大龙光华严寺、乾元寺等建筑基址进行了考古勘探，同时对明德门、大安阁、穆清阁和外城墙等进行了发掘展示以及保护规划；2012年6月29日，元上都遗址成为中国第42处世界文化遗产，实现了内蒙古自治区世界遗产"零"的突破。

围绕元上都遗址的申遗工作，也极大地推动了整个锡林郭勒地区的文物考古事业的发展。1998年，魏坚、李兴盛等对元上都和日木图鲜卑墓地遗存[40]进行考古发掘工作。1999年，魏坚对锡林郭勒盟各旗县文物进行调查，2000年对正镶白旗三面井、伊松敖包元代墓地、镶黄旗乌兰沟元代墓地、博克敖包元代墓葬以及锡林浩特市贝力克牧场元代墓地进行了考古发掘工作。蒙元时期之外的另一重大发现就是对东乌珠穆沁旗的金斯太洞穴遗址的主动性发掘。2000、2001、2012、2013年，由内蒙古自治区文物考古研究所、吉林大学、内蒙古博物院、中国科学院古脊椎与古人类研究所等单位联合组队，对该遗址进行考古发掘，发现了旧石器时代晚期一批重要的物质文化遗存，将锡林郭勒草原地区的史前史向前推进到距今3.6万年。另外，这一阶段配合基本建设还发掘了部分细石器遗址，如2009年配合锡-蓝铁路（锡林浩特-正蓝旗）复线建设，内蒙古自治区文物考古研究所发掘了正蓝旗塔本宝拉格遗址、宝拉根查干遗址，锡林浩特市贝力克遗址等。这一阶段，锡林郭勒盟另外两项重大工作为2007~2012年的第三次全国文物普查和2010年的全国长城资源调查。在各级政府的领导下，在上级文物部门的支持下，经过各旗县市区文物工作者在田野实地艰苦卓绝的努力下，锡林郭勒盟三普工作与长城资源调查工作顺利完成并取得了丰硕的成果。第三次全国文物普查中，锡林郭勒盟共调查登录不可移动文物点1148处，其中复查174处，新发现974处，新发现文物点比例占总数的85%。长城资源调查中，查明界壕累计长度达1080千米，沿线设置马面867座、边堡58座、关堡2座、铺房37座。这些成果在《锡林郭勒盟志——文化体育新闻出版志》有较为完整的总结和统计[41]。

目前，锡林郭勒盟有全国重点文物保护单位9处，包含了20个不可移动文物点；有自治区级文物保护单位25处，包含了26个不可移动文物点；经不完全统计，锡林郭勒盟所属旗县市区现有市旗县级文物保护单位45处。

注释

[1] 中华人民共和国中央人民政府门户网站－行政区划 http://www.gov.cn/

[2] 王晓琨、魏坚、陈全家、汤卓炜、王雪春：《内蒙古金斯太洞穴遗址发掘简报》，《人类学学报》第 29 卷第 1 期，2010 年 2 月，第 17 ~ 32 页。

[3] 王英华、刘洪元、苏雅拉图、彭菲、陈福友：《内蒙古金斯太遗址 2012 年的新发掘和新收获》，《中国文物报》2013 年 7 月 5 日第 8 版。

[4] 斯仁那德米德、萨仁苏和：《阿巴嘎岩画》，内蒙古人民出版社，2008 年；达·查干：《苏尼特岩画》，内蒙古人民出版社，2009 年。

[5] 韩建业：《中国西北地区先秦时期的自然环境与文化发展》，文物出版社，2008 年，第 30 ~ 33 页。

[6] 盖山林：《阿巴嘎旗丹仑土仑遗址调查》，《内蒙古文物考古》2005 年第 1 期，第 22 ~ 29 页。

[7] 韩建业：《先秦时期长城沿线陶器遗存的北界限及相关问题》，《中国历史文物》2004 年第 2 期，第 72 ~ 82 页。

[8] 特日根巴雅尔：《欧亚草原中东部地区车辆岩画的分布特点及内容分析》，《草原文物》2012 年第 2 期，第 38 ~ 50 页。

[9] 杨建华：《春秋战国时期中国北方文化带的形成》，吉林大学出版社，2001 年。

[10] 魏坚：《内蒙古地区鲜卑墓葬的发现与研究》，科学出版社，2004 年。

[11] 王明珂：《游牧者的抉择——面对汉帝国的北亚游牧部族》，广西师范大学出版社，第 195 ~ 198 页。

[12] 锡林郭勒盟正镶白旗普查办：《正镶白旗北朝墓葬》，内蒙古自治区第三次全国文物普查领导小组办公室：《内蒙古自治区第三次全国文物普查新发现》，文物出版社，2011 年，第 67 ~ 68 页；庄永兴、柏嘎力：《内蒙古发现的北魏完整贵族墓漆棺进行开棺保护》，《中国文物报》2014 年 3 月 26 日第 1 版。

[13] 魏坚、陈永志：《正蓝旗羊群庙石雕像研究》，《内蒙古文物考古文集（第一辑)》，中国大百科全书出版社，1994 年，第 627 页。

[14] 魏坚、陈永志：《正蓝旗羊群庙石雕像研究》，《内蒙古文物考古文集（第一辑)》，中国大百科全书出版社，1994 年，第 627 页。

[15] 丁学芸：《阿巴嘎旗巴彦图嘎石人、石堆墓》，《内蒙古文物考古文集（第一辑)》，中国大百科全书出版社，1994 年，第 446 ~ 453 页。

[16] 特木尔：《金代旧桓州城址考略》，《内蒙古文物考古》1999 年第 2 期，第 50 页。

[17] 盖山林：《阴山汪古》，内蒙古人民出版社，1991 年。

[18] 内蒙古博物馆、锡林郭勒盟文物管理站：《镶黄旗乌兰沟出土一批蒙元时期金器》，《内蒙古文物考古文集（第一辑)》，中国大百科全书出版社，1994 年，第 605 ~ 609 页。

[19] 内蒙古博物馆、锡林郭勒盟文物工作站：《苏尼特左旗恩格尔河的元代墓葬》，《内蒙古文物考古》2005 年第 2 期，第 27 ~ 32 页。

[20] 东乌珠穆沁旗文物保护管理所：《锡林郭勒盟东乌珠穆沁旗哈力雅尔蒙元时期墓葬清理简报》，《草原文物》2012 年第 1 期，第 27 ～ 31 页。

[21] 吴德喜：《北元史》，中国作家出版社，2012 年。

[22] （明）刘佶：《北巡私记》，《云窗丛刻》本。

[23] （明）金幼孜：《北征录》，《云窗丛刻》本。

[24] 纳·布和哈达、道·朝鲁门著，清·格日勒图译：《神奇的土地——乌珠穆沁》，中国文化出版社，2011 年，第 11 ～ 12 页。

[25] 任月海：《多伦汇宗寺在清代边疆史上的意义》，《多伦文史资料（第一辑）》，内蒙古大学出版社，2006 年，第 249 页。

[26] 包永峰：《锡林郭勒草原历史文化》，《锡林郭勒文史资料（第十五辑）》（内部刊物），第 125 页。

[27] 石田干之助：《元上都相关的主要文籍题解》，东亚考古学会编《上都——蒙古多伦诺尔元代都城调查》，1941 年。

[28] 阿·马·波兹德涅耶夫著，张梦玲等译：《蒙古及蒙古人》，内蒙古人民出版社，1983 年。

[29] 江上波夫等著、赵令志译：《蒙古高原行纪》，内蒙古人民出版社，2008 年，第 45 页。

[30] 张郁：《元上都故城》，《内蒙古文物资料选辑（第九编）》，内蒙古人民出版社，1964 年，第 181 ～ 185 页。

[31] 齐永贺：《苏尼特右旗伊尔丁曼哈发现石器时代遗址》，《文物》1960 年第 5 期，第 85 页。

[32] 丁学芸：《阿巴嘎巴彦图嘎石人、石堆墓》，《内蒙古文物考古文集（第一辑）》，中国大百科全书出版社，1994 年，第 446 ～ 453 页。

[33] 贾洲杰：《元上都调查报告》，《文物》1977 年第 5 期，第 65 ～ 74 页。

[34] 魏坚：《锡林郭勒盟专刊》后记，《内蒙古文物考古》1999 年第 2 期。

[35] 内蒙古自治区文物考古研究所、锡林郭勒盟文物管理站、多伦县文物管理所：《元上都城南砧子山南区墓葬发掘报告》，《内蒙古文物考古》1999 年第 2 期，第 92 ～ 124 页，第 639 ～ 671 页。

[36] 内蒙古自治区文物考古研究所、正蓝旗文物管理所：《正蓝旗羊群庙元代祭祀遗址及墓葬》，《内蒙古文物考古文集（第一辑）》，中国大百科全书出版社，1994 年，第 610 ～ 621 页；魏坚、陈永志：《正蓝旗羊群庙石雕像研究》，《内蒙古文物考古文集（第一辑）》，中国大百科全书出版社，1994 年，第 622 ～ 629 页。

[37] 内蒙古博物馆、锡林郭勒盟文物管理站：《镶黄旗乌兰沟出土一批蒙元时期金器》，《内蒙古文物考古文集（第一辑）》，中国大百科全书出版社，1994 年，第 605 ～ 609 页。

[38] 中国历史博物馆遥感与航空摄影中心、内蒙古自治区文物考古研究所：《内蒙古东南部航空摄影考古报告》，科学出版社，2002 年。

[39] 魏坚：《元上都》，中国大百科全书出版社，2008 年。

[40] 魏坚：《内蒙古地区鲜卑墓葬的发现与研究》，科学出版社，2004 年。

[41] 李询：《锡林郭勒盟志——文化体育新闻出版志》，内蒙古出版集团、内蒙古文化出版社，2013 年。

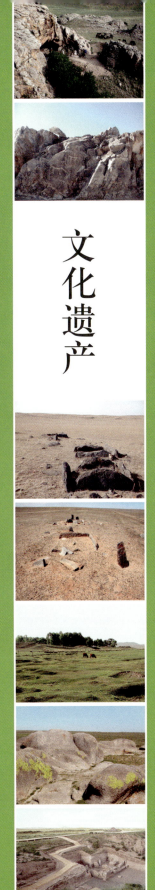

文化遗产

文化遗产 目录

旧石器时代

　　锡林郭勒境内早在距今3.6万年前就有古人类在此生存繁衍。目前发现的旧石器时代遗迹共11处，包括一处洞穴遗址、两处旷野遗址以及八处岩画点，这些遗迹分别位于东乌珠穆沁旗、镶黄旗、锡林浩特市、阿巴嘎旗和苏尼特左旗。

　　其中，做工作最多，成果最为丰硕的当属东乌珠穆沁旗的金斯太洞穴遗址，它是近年来内蒙古自治区旧石器时代考古的重要发现之一。金斯太洞穴遗址地层堆积厚达6米，发现了从旧石器中期晚段直到青铜时代的连续地层。其地层堆积之厚，文化遗迹、遗物之丰富较为罕见，可以说是继北京周口店、河南郑州织机洞之后中国北方发现的又一处重要的洞穴遗址。金斯太洞穴遗址的发现对研究北方草原地区晚更新世的气候环境变迁，人类生业模式与生存策略，现代人的起源、迁徙、扩散，石器制造工业和技术，与蒙古、贝加尔、远东等周邻地区同期文化的互动关系以及旧、新石器时代转变机制等学术课题都具有十分重大的价值。

‖‖‖ 1 ‖‖‖ 东乌珠穆沁旗金斯太洞穴遗址

撰稿：刘洪元　程鹏飞
摄影：王晓琨　李峰　乌云都力呼尔

全国重点文物保护单位。

位于锡林郭勒盟东乌珠穆沁旗阿拉坦合力苏木以西25公里的东海尔汗山的丘陵山地中。地理坐标东经115°22′39.8″，北纬45°13′53.2″，洞口处地表海拔高度为1427米。洞口朝向西北，方向为290°。两侧是相对高度10～20米的低山，前面为长约100米的缓坡，浅山与其间的缓坡形成自然院落，在低山前端形似门阙处有摆放规则的石块，似为一道石墙，紧靠洞口处也有类似构造。洞口最阔，宽16米，洞内最窄处4米，进深24米。洞穴前半部顶部较低，左右较宽敞，中部以后，顶部变高，豁然开朗，洞顶呈穹隆状。

遗址周围环境

遗址外景

　　迄今，金斯太洞穴遗址已经经过了四次科学发掘。2000年，由内蒙古自治区文物考古研究所、锡林郭勒盟文物站和东乌珠穆沁旗文物保护管理所联合对其进行首次发掘。2001年上述单位和吉林大学边疆考古研究中心合作对遗址进行了第二次发掘。两次发掘面积约80平方米，出土了石制品四千余件和大量动物骨骼化石等。王晓琨、魏坚等学者撰文对发掘成果进行了初步报道。这两次发掘成果显示，该遗址对于研究东北亚地区晚更新世古人类迁徙与交流、石叶技术在中国的出现与传播、东西方石器技术交流及新旧石器过渡等多个学术界关注的热点问题具有重大意义。鉴于该遗址的重要性，也为了廓清遗址的年代框架、获取更多科学数据以进一步夯实金斯太洞穴遗址研究基础，2012、2013年度内蒙古博物院与中国科学院古脊椎动物与古人类研究所合作，继续对金斯太洞穴遗址进行了第三次和第四次发掘。从前两次发掘情况看，该遗址最厚处地层堆积达6米以上，共分8层，每层又分为若干亚层。其中第1～2层为青铜时代遗存。第3～8B层为旧石器时代遗存，其最晚已经

2001年遗址发掘工作场景

2001年发掘的地层

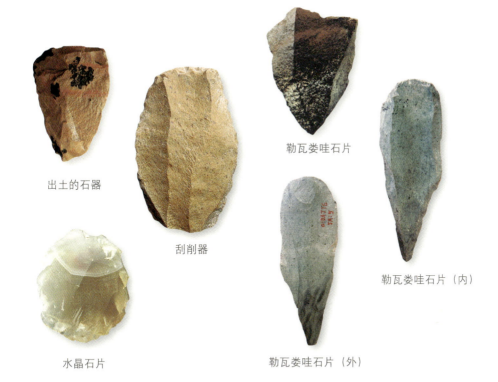

出土的石器

刮削器

勒瓦娄哇石片

勒瓦娄哇石片（内）

水晶石片

勒瓦娄哇石片（外）

进入新石器时代早期。旧石器遗存可分为三个阶段，即下文化层、中文化层、上文化层。

下文化层出土石制品1310件，其中包括石核、石片、断块、刮削器、砍砸器、石球、石钻、雕刻器等。原料种类多，石制品以小型为主，中型占有一定比例。中文化层出土石制品共1355件，器形包括研磨石、刮削器、薄刃斧、勒瓦娄哇石片、舌形器、手镐等。原料种类繁多，石制品以小型为主，中型也有一定比例。推测存在勒瓦娄哇剥片技术。上文化层出土石制品1547件，包括细石核、细石叶、磨盘、手锛、大三棱尖状器、半月形器、舌形器、锛形器、矛形器等。石制品以小型为主、中型较少。遗址经^{14}C测年，旧石器层位年代为距今3.6万年至1.8万年左右，处于旧石器时代中晚期过渡至晚期之末。

金斯太洞穴遗址前两次发掘还发现了

2001年发掘的探方

2013年洞穴内发掘工作场景

出土的动物骨骼

2001年出土的动物颌骨

大量动物化石，获得标本2373件。下文化层化石保存较差，多破碎，数量较少；中、上文化层化石保存较好，数量较多。种属包括啮齿目、奇蹄目、偶蹄目、食肉目动物。另外，在近八十平方米的发掘区域内，从第3A、3B、3C层中发现了用火遗迹。遗迹层面上有灰烬堆积，周围地面被烤成红褐色或褐色，火候不高，有的石制品及动物骨骼表面有火烧痕迹。

2012年为第三次发掘，发掘面积近十平方米，发掘深度约3.5米，揭露了从旧石器时代晚期、末期到青铜时代共八个文化层，出土千余件石制品及大量动物化石、陶片、磨制骨器和串珠装饰品等，收集了不同层位多个^{14}C测年样品。连续叠压的地层和多个用火遗迹显示金斯太洞穴遗址是古人类长期、多次利用的居住遗址。初步将八个文化层由早到晚划分为四个阶段：第一阶段（8～7层），旧石器时代晚期的早段，小石片文化阶段，主要为小石片石器文化，出土简单的小石片及以其为毛坯加工的刮削器；第二阶段（6～5层），旧石器时代晚期的中段，少量的细石叶与石叶、小石叶及小石片石器共存，动物化石较多；第三阶段（4～3层），旧石器时代晚期的末段，细石叶文化阶段，出土大量的细石叶、细石核及用细石叶加工的石器；第四阶段（2～1层），青铜时代和新石器时代的混杂堆积，出土大量灰烬、动物碎骨、磨制骨器、串珠装饰品和细石叶、细石核等。

金斯太洞穴遗址旧石器时代的文化特征主要表现为以下几点：（1）由早到晚，从小石片文化到石叶－小石叶文化再

到细石叶文化，金斯太洞穴遗址存在比较连续的文化序列；（2）原料种类多样，包括玄武岩、安山岩、凝灰岩、黑耀岩、燧石等；（3）旧石器时代晚期文化层中细石叶产品延续时间较长，细石叶石核类型丰富，另有一些小石叶石核；（4）旧石器时代晚期文化层中的石器类型以边刮器和凹缺器为主，个别不完整石叶残片说明该层可能存在石叶技术；（5）地层中存在明显的用火迹象，尤其在第5层揭露一疑似灰堆遗迹，周围散落不规则分布的几块大石块，其底部也有大石块，灰堆中包含大量炭屑，应该是有控制用火的遗迹现象。

细石核、细石叶

雨后的考古工作人员驻地

新石器时代

　　锡林郭勒盟地处内蒙古东南部和中南部文化区之间，这两个地区的考古研究人员对新石器时代考古开展了大量工作，取得了丰硕成果，建立了完整的文化序列和清晰的文化谱系。相比之下，锡林郭勒在较纯粹的草原环境下，新石器时代文化以往被认为存在严重的时空缺环。第三次全国文物普查，在锡林郭勒盟境内调查出新石器文化遗址点共计31处，在全盟境内均有分布。

　　根据目前掌握的资料情况来看，锡林郭勒草原地区的新石器时代文化在全新世大暖期（距今8500~3500年）过程中诞生并发展。根据现有资料来看，该地区的新石器时代文化有以下几个特点：

　　（1）多数遗址的地表形态均为"芒哈"（或"曼哈"）类型，即"沙窝子"遗址。该类型遗址在草原地区屡有发现，但是锡林郭勒地区鲜有被发掘者，对其地层情况还缺乏了解。（2）陶器数量较少，且比较残破、碎小。一般以夹砂灰褐陶为主，偶有夹砂红陶，多为素面。陶器的数量与质量或与"陶器北界限"有关。（3）打制石器多，磨制石器少。多见大型、打制工艺粗糙的石锄、石斧类工具；磨制石器通体磨光者较少，多为刃缘部位的磨光，器形为斧、锛、凿类等木工工具；磨盘、磨棒发现较多，或与处理采集的C4类小粒植物有关，而并非农业经济的体现。（4）细石器传统一直存在。每个新石器时代遗址点几乎普遍伴随着大量细石器，包括细石叶、细石核、石镞、石矛等，这或可反映草原地区新石器时代的环境与生业形态。

　　诸上，仅是通过调查资料而得出的初步认识，有待今后开展大量的考古发掘工作才能对该地的新石器时代文化有更深入的了解。

⦀ 2 ⦀ 锡林浩特市巴彦淖尔遗址

撰稿：萨仁图雅
摄影：乌兰　敖特根巴雅尔

位于锡林浩特市宝力根苏木巴彦淖尔嘎查，东距锡林浩特市35公里。毗邻巴彦淖尔湖（俗称硝泡子）西北岸，呈扇形分布，2009年第三次全国文物普查时发现。

巴彦淖尔遗址南北最长约1000米，东西最宽约255米，面积约20万平方米。湖岸阶地偶见文化层堆积出露，地表采集有石杵、石斧、石磨棒、石磨盘等磨制石器以及铲形器与锄形器等打制石器，此外还采集到数量较多的石叶、石核、石镞等细石器。尤以打制石斧和石铲为多。

巴彦淖尔遗址在锡林郭勒地区的新石器时代遗址中面积较大，保存较好，较具代表性，初步推测该遗址为新石器时代聚落遗址，它的发现，对于了解草原地区史前考古学文化面貌和建立草原地区考古学文化谱系有较大价值。

遗址远景（西北—东南）

地表采集的石器

遗址附近牧民采集的石器

遗址近景（北—南）

遗址上采集的石器

地表采集的石器

▓ 3 ▓ 苏尼特左旗巴嘎高勒遗址

撰稿：苏德那木旺其格

摄影：沈伟

　　位于苏尼特左旗那仁宝拉格嘎查境内的巴嘎高勒地区，西南距嘎查办公所在地约5公里，西北距苏尼特左旗旗政府所在地满都拉图镇约115公里，第三次全国文物普查时发现。

　　"巴嘎高勒"为蒙古语，意为"小溪"。巴嘎高勒遗址处在浑善达克沙地腹地，周围为半月形固定沙丘。在一处沙丘南坡发现东西长120米，南北宽100米，面积一万余平方米的陶片、石器分布区。遗址局地可见灰黑色文化层，在遗址内地表上采集到较多陶片和石器等标本。陶片有夹砂灰陶和夹砂红陶等，均素面，陶质疏松。石器包括石凿残件，石磨棒残件、穿孔石器、石饼以及大量燧石和玛瑙质的细石叶、细石核、细石镞等。另外，遗址内

采集的石器与陶片

还发现有白色石片组成的两座圆形大石堆，直径约6米，石堆最高处距地表约0.4米，两个石堆东西相距约60米，占地面积约1660平方米，推测应为历史时期遗存。因此，该遗址为复合遗址，但是根据采集标本等情况初步推定，遗址的主体内涵应为新石器时代遗存。

地表陶片

遗址局部地貌

⫼ 4 ⫼ 东乌珠穆沁旗干部呼都嘎芒哈遗址

撰稿：苏德那木旺其格
摄影：乌云都力呼尔

位于东乌珠穆沁旗额吉淖尔苏木布力胡木德勒嘎查，第三次全国文物普查时发现。干部呼都嘎芒哈遗址东北6.5公里为额吉淖尔湖，东南距东乌旗旗政府所在地乌里雅斯太镇约40公里。

"布力胡木德勒"为蒙古语"团结"的意思，"芒哈"为"沙窝子"之意，干部呼都嘎芒哈遗址周围环境为低山丘陵草原地貌。遗址平面呈不规则长方形，东西长约200米、南北宽约120米，占地面积约2.4万平方米。遗址内可见疑似房址等遗迹现象，局地露出灰黑色文化层，地表采集到较多陶片和石器标本等。陶片主要有夹砂灰陶和泥质红陶，陶片均为素面、较小，无法辨识器形。石器包括刮削器、穿孔石器、石饼以及细石叶、细石核、石镞等。近些年，随着草原沙化的加剧，大多遗迹遭到流动风沙的严重侵蚀。

地表细石器、石片

石镞半成品

石斧

遗址全景

ⅢⅢ 5 ⅢⅢ 二连浩特市伊尔丁曼哈遗址

撰稿：程鹏飞
摄影：斯琴毕力格

位于二连浩特市格日勒敖都苏木陶力嘎查境内，西南距二连浩特市约5公里。1959年7月，齐永贺先生随中苏中亚古生物考察队前往二连浩特进行古生物化石的采集与发掘工作时发现了伊尔丁曼哈遗址。

伊尔丁曼哈遗址平面大体呈长方形，南北长260米，东西宽90米，占地面积约为2.5万平方米。二连浩特市文物管理所在第三次全国文物普查中复查了该遗址，

遗址处于距离地面高三四十米左右的台地上，西面是由现代黄沙土掩盖的低洼地，南面有一冲沟，沟东侧离地面半米深发现灰层，灰层上面是黄沙土覆盖，灰层内还发现有烧骨、木炭、陶片等。陶片共两件，灰褐色，素面，一件羼沙；另一件羼鱼骨粉，手制。遗址周围方圆4～5公里内随地可以捡到石器和陶片。石器大部分由燧石、玛瑙等料制成，加工精巧，捡到的有楔形和长形圆头刮削器七件，大的长3

遗址全景（北-南）

遗址地表采集的石器与动物化石

厘米，小的长1.5厘米；石核有六件，多呈圆锥体，一般长3.5、底径为1厘米左右；还有扁平三角形小石镞、石片等数件。陶片以褐色夹沙的为主，红色夹沙的少。花纹有斜长方形细绳纹、曲线纹，连点形篦纹。另有一器口残片是灰褐色夹粗沙印有人字形纹，手工制作。另外在复查过程中还在遗址地表上采集到石磨盘一件以及较多陶片、细石器等遗存。

遗址全景（南—北）

局部地貌

青铜时代至早期铁器时代

锡林郭勒草原地区青铜时代至早期铁器时代（距今约3500年至战国末年），史书记载在这一带曾活动着獯鬻、猃狁、北狄、东胡、匈奴等北方民族。但锡林郭勒地区迄今未发现与朱开沟文化–西岔文化或夏家店下层–夏家店上层文化同期的青铜时代至早期铁器时代聚落遗址和墓葬，也少见北方系青铜器。因此，以往该地区一直被认为在文化序列上存在重大缺环。

事实上，青铜时代至早期铁器时代是北方草原地区岩画创作的黄金时期，阿巴嘎、苏尼特、锡林浩特地区的岩画主体年代以该时期为大宗。从岩画的内容上来讲，主要是各类草原动物纹以及狩猎、战争场面和单辕车形岩画等。

锡林郭勒草原地区青铜时代至早期铁器时代岩画线条简练清晰，充斥着想象力和表现力，具有强烈的艺术感染力，是文字记载之前的记事方式，或具有某种公知性。其为研究我国北方草原地区的古生态环境，游牧民族的起源与发展，游牧民族的生产生活、宗教信仰、艺术审美以及车、马的发明、使用和传播等学术课题提供了重要的参考资料，具有较高的艺术鉴赏价值和文物考古研究价值。

‖‖‖ 6 ‖‖‖ 阿巴嘎旗岩画群

撰稿：刘洪元　程鹏飞
摄影：萨仁苏和　陈海峰

位于阿巴嘎旗境内中东部的熔岩台地区域，岩画群分布较广，初步划分为六个岩画地区，确定18个岩画地点，约568个岩画组。

阿巴嘎岩画在宝格都乌拉苏木有九处岩画点，共有322幅岩画：宝格都乌拉2幅，浩日格乌拉克烈好舒168幅，贺斯乌拉4幅，车格乌拉6幅，朱日和乌拉10幅，夏合尼努如81幅，少布来乌拉27幅，照都格哈达乌拉18幅，巴彦库伦乌拉6幅；那仁宝力格苏木有两处岩画点，共有11幅：阿日宝力格达布苏图7幅、克烈哈夏图4幅；吉日嘎朗图苏木有一处岩画点：布格木朝鲁2幅；伊和高勒苏木有三处岩画点，共有223幅岩画：乌林乌苏45幅，巴彦好舒30幅，阿拉嘎达苏锡林148幅；洪格尔高勒镇有一处岩画点：阿日哈夏图2幅；查干淖尔镇有两处岩画点，共有8幅岩画：特格乌拉1幅，塔马嘎特沟7幅。这些岩画的年代跨度上下万年，但主要以青铜时代至早期铁器时代岩画为大宗，约占岩画总数的60%左右，岩画内容以动物纹、车形岩画等为主。

其中，伊和高勒苏木乌林乌苏岩画群内容大体为大角鹿、重环与山羊、虎面

宝格都乌拉岩画——二轮单辕车

宝格都乌拉岩画——驯马

宝格都乌拉岩画——北山羊群

浩日格乌拉克烈好舒岩画——动物纹

浩日格乌拉克烈好舒岩画——群马

图、公马、长尾黄羊、黄羊群、鹿群、北山羊、鱼、马鹿、牛、太阳、蛇纹、几何形符号、马群、车形岩画等青铜时代至早期铁器时代的岩画场面。阿拉嘎达苏锡林有鹿与重环、人与鹿及符号、男性生殖崇拜、北山羊与符号、日月、男女生殖崇拜、鹿与符号、马蹄印、孕妇、狩猎、牛与巫、轮与鹿、北山羊等青铜时代至早期铁器时代的岩画图案。这些岩画图案线条简洁、形象逼真、古朴自然，保存完好。

阿巴嘎岩画群选择在熔岩台地的山巅、山腰或山崖的玄黑色山石，在草原的岩石上也发现有岩画。创作手法主要有凿刻、磨刻和单线勾勒三种。岩画线条简练清晰，充斥想象力和表现力，具有较强的艺术感染力，为研究我国北方草原游牧民族的起源与发展，游牧民族的生产生活、宗教艺术活动以及车、马的发明、使用和传播等提供了重要的参考资料，具有较高的艺术鉴赏价值和文物考古研究价值。

乌林乌苏岩画群——图形符号

阿拉嘎达苏锡林岩画周围环境

阿拉嘎达苏锡林岩画——人与大角鹿

鹿、车、弓箭

‖‖‖ 7 ‖‖‖ 苏尼特右旗岩画

撰稿：苏德那木旺其格

摄影：呼日勒

苏尼特右旗重点文物保护单位。

位于苏尼特右旗境内的额仁淖尔苏木深山里，岩画数量较多，内容庞杂，时代跨度较大，这些岩画是古代北方草原游牧民族以动物为图腾、崇拜自然的"历史纪念牌"，同时也是反映其民俗文化、生产活动、生活习惯及文化渊源、艺术审美等的珍贵历史资料。比较著名的青铜时代至早期铁器时代岩画为宝勒嘎岩画、德力哈达岩画、阿门乌苏岩画、希拉哈达岩画等。

宝勒嘎岩画位于额仁淖尔苏木阿门乌苏嘎查宝勒嘎敖包西100米处的一座小石山西坡的长方形棕色岩石上。地势较高，西侧有一条由东北向西南穿过的古河道，尽头是一处自然泉。该岩画琢制而成，整个

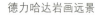

德力哈达岩画远景

岩画图案为七匹大小不同的马。

德力哈达岩画位于额仁淖尔苏木北吉呼郎图嘎查恩格尔毛敦庙以北2公里处的大坡上。现保存有六幅动物图案，其中鹿、马、狗等四幅清楚完整，西边的两幅风化严重，较为模糊。第二次全国文物普查确定该岩画为青铜器时代的作品。

阿门乌苏岩画位于额仁淖尔苏木阿门乌苏嘎查南4000米处，主要分布在一南北走向的山中两块较大的平面岩石上。刻有狼等动物图像，图案的颜色与青石的颜色已没有明显区别。

希拉哈达岩画位于额仁淖尔苏木宝拉格嘎查的一座小石山（希拉哈达）上，山下一处自然泉由西向东流过，冲刷出一条宽5米左右的古河道。半山腰一块醒目的方形石上雕刻着五种不同的图案，主要有月亮、马、鹿等，应是青铜时代至早期铁器时代的作品。

宝勒嘎岩画——群马

希拉哈达岩画

德力哈达岩画近景

||||8|||| 苏尼特左旗岩画

撰稿：刘洪元
摄影：达·查干　迪日嘎　沈伟

内蒙古自治区重点文物保护单位。

位于苏尼特左旗境内西北部中蒙边境的花岗岩和凝灰岩山区。主要有呼和朝鲁岩画、毕其格图岩画、巴日塔图岩画、陶恩图岩画、哈登巴鼓恰岩画、毛瑞苏特岩画等。岩画群从陶恩特延伸到布达尔，分布地域达一百多公里，它们不同程度地集中在17个地区，在这些地域的凝灰岩或者花岗岩石上留下了以磨刻、琢刻等手法刻制的数百幅岩画。这些岩画跨度较大，上下万年，但主要以青铜时代至早期铁器时代岩画为大宗。

青铜时代至早期铁器时代岩画的图案包括狼、狐、盘羊、岩羊、羚羊、狍子、黄羊、瞪羚、蒙驴、双峰野骆驼、野马、鹿、鹤、鹰、蛇、水鸟等多种动物，也包括狗、马、骆驼、牛、绵羊、山羊等家畜，还有反映人们狩猎和游牧生活的图案。其中反映狩猎生活的图案有被猛兽围攻的人、猎鹿的人、向野马群进攻的人、

舞蹈图案岩画

驼队图案和人物图案岩画

举起布鲁（棍形狩猎工具）追逐野兽的人们、带弓箭狩猎的人、挖陷阱的人、围猎的人等等。反映游牧生活的图案有驯马之人、骑马之人、牵马之人、牵骆驼之人，也有用马车、套狗雪橇迁徙的图案与驯畜的图案等多种。除此之外，苏尼特左旗岩画还包括日月印、足迹和符号、点标、歌唱之人、舞蹈之人、祭日之人、交媾之人等图案。这些岩画描摹精美、保存完好，涉及内容丰富、分布面广，表达手法简洁，有很高的艺术水准，所描摹的形象齐全，反映了岩画黄金时代的特征，又有鲜明的地域特色，因而受到了学术界的广泛关注。苏尼特青铜时代至早期铁器时代岩画，可以说填补了北方草原地区文字记载之前的历史空白，为了解游牧文化的起源和发展以及北方民族的嬗替等提供了珍贵的第一手资料。

种公马图案岩画

猎人图案岩画

拥抱的人物图案岩画

双马图案岩画

牛图案岩画

动物纹组图

|||| 9 |||| 锡林浩特市岩画

撰稿：萨仁图雅
摄影：程鹏飞　乌兰

锡林浩特地区岩画所在地多为阿巴嘎旗与锡林浩特市阿尔善宝力格镇交界地带的熔岩台地区域，多为同一条山脉、同一时期岩画。2009年，锡林浩特市文物考古工作人员通过第三次全国文物普查实地调查也发现了题材丰富、种类多样、形象逼真的岩画，总数在190幅以上。岩画种类有动物类、生活类、生育类、符号及文字，创作手法为凿刻、磨刻和单线勾勒。主要分布在巴彦温都尔、阿尔岗格根、包

哈那哈达岩画全景

日胡吉尔、哈那哈达等地区。

巴彦温都尔岩画群地处锡林浩特市与阿巴嘎旗交界地带的乌兰呼都嘎音乌拉，总面积3.2万平方米。所在地为玄武岩地貌，地表遍布疏密相间大小不等的玄武岩石块，岩画被刻画在表面平整的玄武岩石块上，共发现15幅。涉及内容为动物纹、车马、狩猎等。其中动物纹较为写实，有马、盘羊、蛇等。岩画尺幅大小不一，刻画手法为磨刻及凿刻，稚拙而又生动。

阿尔岗格根岩画位于锡林浩特市阿尔善宝力格镇斯日古楞嘎查阿尔岗格根，刻在一块长2.3、宽1.3、高1.5米的玄武岩石块上。刻画手法为磨刻法，磨刻痕迹较深，岩画内容为圆圈纹（符号）。这些岩画是当地青铜时代至早期铁器时代居民的杰作，反映了宗教信仰、人文经济等一系列情况。

包日胡吉尔岩画群位于锡林浩特市阿尔善宝力格镇巴彦塔拉嘎查境内包日胡吉尔湖西北1公里处的石崖上。岩画内容有马、羊、狗、鹿、鸟、蛇、人物头像等。刻画方法为磨刻法，岩画年代也以青铜时代至早期铁器时代为大宗。

哈那哈达岩画群位于锡林浩特市阿尔善宝力格镇斯日古楞嘎查境内阿巴嘎敖包东南1000米处，由三幅岩画组成。第一幅画面内容为狼，岩石面积为宽1.9米，高1.3米。第二幅岩画内容为马，岩石面积宽为1.1米，高1.8米。岩画时代应是青铜时代至早期铁器时代的艺术作品。

这些岩画的发现，对探索曾经在这片草原上生活过的古代北方草原游牧民族的灿烂文化提供了真实可靠的形象材料。

包日胡吉尔岩画全景

哈那哈达岩画——北山羊

阿尔岗格根岩画——车形

包日胡吉尔岩画 ——驯兽组图

秦汉魏晋北朝时期

　　史载，锡林郭勒地区在秦、西汉时期主要为东胡和匈奴繁衍生息之地，至东汉以后，乌桓、鲜卑等民族相继勃兴，魏晋北朝时期在大漠南北还活跃着敕勒、高车、柔然等族。

　　目前，该地区并未发现明确的东胡遗存。西乌珠穆沁旗的吉仁高勒城址被推测为东汉时期的匈奴城址，锡林浩特地区发现了东汉时期的陶窑址，但这些遗存的性质和内涵还有待于考古工作的进一步确认。鲜卑遗存时有发现，遍布南北，如正蓝旗和日木图墓葬出土的三鹿纹铜牌饰、镶黄旗博和音敖包墓葬出土的夹砂陶壶与陶罐、二连浩特盐池墓葬出土的桦树皮器底以及奔鹿纹铜腰带等均为鲜卑早期遗存，年代均被推测为东汉晚期阶段，这都证明了锡林郭勒草原是鲜卑南迁的必经之地。拓跋鲜卑建立北魏之后，在北方草原地带建立了军事重镇和长城体系以防御柔然人南侵，锡林郭勒南部的多伦县、正蓝旗和太仆寺旗境内均有北魏长城分布。正镶白旗伊和淖尔墓葬位于浑善达克沙地南缘，北魏长城一线以北，该墓是近年来内蒙古地区发现的最为重要的北魏贵族大墓，其等级规格之高、地缘之特殊、西方文化因素之体现，为锡林郭勒地区的边疆史地以及中西文化交流等课题的研究提供了极为重要的实物资料。

　　总之，进入秦汉时期以来，锡林郭勒作为史籍中记载的我国北方草原游牧民族的活动舞台，其面貌由朦胧逐渐变得清晰起来，继而上演了风起云涌，波澜壮阔的历史大剧。

‖10‖ 西乌珠穆沁旗吉仁高勒古城遗址

撰稿：苏德那木旺其格
摄影：敖特根巴特尔

西乌珠穆沁旗重点文物保护单位。

位于西乌珠穆沁旗吉仁高勒镇伊和吉仁高勒河西岸，东南距西乌珠穆沁旗旗政府所在地巴拉嘎尔高勒镇约50公里，东北距吉仁高勒镇政府驻地约5公里，省道204线在城北2公里处通过。

吉仁高勒古城遗址周边为开阔的河谷，西靠查干陶布格底山，西北有小水泡子，东侧为伊和吉仁高勒河。"吉仁高勒"系蒙古语，意为双河。古城遗址平面呈长方形，东西长约180米，南北宽150米。城墙土筑，基宽8.5米，残高5米。南城墙居中开有一门，宽4.5米。城中部有方形建筑基址一座，边长15米。城内文化层厚0.5米，地表散落着较多的青砖、筒瓦等建筑构件。根据出土文物初步认定，

城址全景

城址建筑台基远景

城址内地貌

遗址地表的标本

该城址为东汉时期的古城遗址，是锡林郭勒盟境内迄今发现最早的古城遗址，沿用至北朝时期。其建筑形制和出土的筒瓦对研究汉代文化和匈奴文化有着较高的学术价值。

‖11‖ 锡林浩特市呼和陶力盖窑址

撰稿：萨仁图雅

摄影：乌兰　程鹏飞

位于锡林浩特市宝力根苏木乌力吉德力格尔嘎查境内古日班敖包南约3公里处。呼和陶力盖窑址所在地属于低缓丘陵地草甸草原，西部为瑙滚陶力盖，北部为乌兰陶力盖等低矮的丘陵，背风向阳，南面地势开阔平坦。

遗址分布范围大致为长方形，东西长约350米，南北宽约200米，面积约七万平方米。在遗址范围内，共有东西走向的灰土堆六座，每座灰土堆平面近圆形，直径5~6米，高出地表0.2~0.5米，初步推断为陶窑址。地表采集到的较多陶片，陶片多为泥质灰陶，器形有盆、甑、罐等生活实用器，具有明显的汉代陶器风格。

史载锡林浩特市在汉代为上谷郡北境，该遗址之前未见著录或公布，系第三次全国文物普查时发现。此发现为北部边疆史研究提供了新的材料。

遗址全景

地表灰土包

遗址上采集的标本　　　　地表陶片

撰稿：朝包力高　程鹏飞
摄影：朝包力高　丹达尔

锡林郭勒境内的北魏长城由河北省丰宁县进入多伦县十五号乡，沿多伦县与河北省沽源县交界地带，向北延伸进入正蓝旗黑城子示范区总场后墙体基本消失。全长32.074公里，其中墙体18.274公里，消失墙体13.8公里。在多伦县境内穿过一个镇的六个村，全长为25.711公里；

在正蓝旗境内的黑城子示范区二分场全长为6.363公里。该地的北魏长城墙体为就地取土夯筑而成，形似一条土垄，现残宽5~6米，残高1.0~1.5米，沿线未见有障城和烽燧遗迹，也未见任何遗物。

北魏王朝为防御柔然人南下，曾两次在北部边境修筑长城。北魏长城可分

多伦县大北沟镇黑山头村长城2段（南—北）

多伦县大北沟镇糜地沟长城2段（南—北）

多伦县大北沟镇十五号乡长城3段（东南—西北）

正蓝旗黑城子示范区二分场北魏长城（南—北）

西、中、东三段。西段，西南端起自呼和浩特武川县水泉村北，先向北延伸至包头达尔罕茂明安联合旗南境，再折向东北方向，至乌兰察布四子王旗东部折向东南行，经察哈尔右翼中旗，至察哈尔右翼后旗西北部折向东行，至商都县二吉淖尔村西中断；中段经化德县、河北康保县、锡林郭勒太仆寺旗境，至正蓝旗黑城子种畜场南再现；东段，经多伦县，至河北丰宁县乌孙吐鲁坝西麓终止，全长约305公里。墙体用土堆积为主，少数地段经夯筑，基宽2.5～3米，残高0.3～1米，形似一条土垄。沿线未见障城和烽燧址，亦未见有遗物。

▥13▥ 二连浩特市二连盐池墓葬 ———

撰稿：刘洪元
摄影：宁培杰

位于二连浩特市格日勒敖都苏木额日登高毕嘎查境内，赛乌苏至苏尼特左旗红格尔公路50公里处。

1999年8月，二连浩特博物馆工作人员对二连盐池墓葬进行了清理。墓葬在清理前已遭到自然和人为破坏。墓坑为东西向土坑竖穴式，西端为头部方向，略宽，东端已被一条自然冲沟斜向冲毁，墓向277°。墓穴头端宽0.85米，中部宽0.7米，残长1.64米，残深0.2米。木质葬具保存不好，仅留有木痕。葬具基本为框架式结构，均是以5厘米见方的木条制成，可分为上下两层。墓穴内判断为一具人骨，所剩无几。头骨残破，在上层木框之上，下颌骨位于头骨右上方处，另留有少量脊椎骨、肋骨和肱骨，应为仰身直肢葬。在头骨右上方出有一件铜带扣和一件桦树皮质的器底，头骨两侧出有绿松石串

铜腰带饰牌

桦树皮器底与铜牌饰

珠。被水冲毁的墓穴后部出土有一件铜环。由于墓葬遭到破坏，有16件奔鹿纹铜牌饰散出于墓葬填土中。此外，在人头骨两侧，各出土两小堆谷物，现场判断可能为糜黍类植物。木框的右侧内角出有一块羊胸骨。墓内还出有极少量的残碎粗布片。因墓葬遭到一定程度的破坏，墓穴下方及人骨下部均已不存，故随葬品亦保留不够完整。计出土有铜腰带一套（16件铜牌饰与一件铜带扣组成）、铜环一件、绿松石串珠两个、桦树皮器底一件。

二连盐池墓葬出土的铜牌饰是北方游牧民族常见的腰带饰物，特别是奔鹿形象，是鲜卑常用于装饰的动物形象。此外，椭圆形带扣和桦树皮器皿等，亦是鲜卑习用的物品。从二连盐池墓葬的木质葬具和出土的桦树皮器皿、绿松石串饰来看，同呼伦贝尔市扎赉诺尔鲜卑墓群的葬俗相同，并和乌兰察布市三道弯的同类器形制相当。由此看来，二连盐池墓葬当属鲜卑始迁入内蒙古高原时的遗存，年代约当东汉晚期阶段。

▐▐14▐▐ 正镶白旗伊和淖尔墓葬 ————————

撰稿：程鹏飞

摄影：刘洪元　苏宁

正镶白旗重点文物保护单位。

位于正镶白旗伊和淖尔苏木宝日陶勒盖嘎查东5公里处。墓葬地处浑善达克沙地南缘的一片低洼地中，西北1公里为哈达其根淖尔，东北4.5公里为伊和淖尔。

2010年，由锡林郭勒盟文物站与正镶白旗文物管理所对伊和淖尔墓葬进行了抢救性清理。墓葬为长斜坡墓道洞室墓，由墓室与墓道两部分组成，墓葬方向20°。墓道为长斜坡状，开口于0.6米厚的表土

墓葬周边环境

出土的漆器

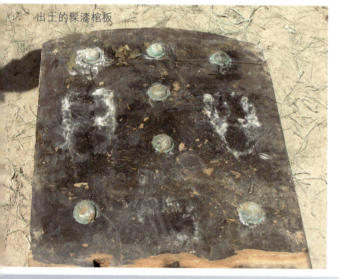

出土的髹漆棺板

层之下。墓道水平长10.5米，上宽下窄，上口宽1.9米、下底宽1.5米。墓道内填土均为红色胶泥土，未发现随葬品。墓室平面呈长方形，为土洞穹庐顶结构。墓室长3.5米，宽2.5米，最大高度3.1米，墓室顶部距地表高5.5米，地表距墓室底部深8.6米。木棺置于墓室中央，为柏木木质，长2.7米。头部棺板宽1.3米，高1.25米，厚0.1米。脚部棺板宽0.65米，高0.55米，厚0.08米。木棺棺盖厚0.12米，两侧棺板厚0.11米，底部棺板已腐朽严重，厚度不详。木棺外表髹黑漆，棺外包裹一层丝织品，丝织品风化后腐朽严重。棺外四周装饰有鎏金铜泡钉，头部棺板外侧饰有鎏金铜辅首衔环三件组、脚部棺板外侧饰有鎏金铜辅首衔环一件组，两侧棺板外各饰有辅首衔环各五件组，共计14件组。该墓墓室内，棺内外清理出土和

墓葬清理现场

釉陶壶

玻璃碗

喇叭口细颈陶壶

银耳杯

陶壶上的刻字

缠枝纹金下颌托

金耳饰

人像银碗

追缴回的随葬品包括陶器、铁器、青铜器、金器、银器、玻璃器、漆木器、玉石饰件等共计191件（组）。陶器共计出土14件。分别出土于木棺外侧四角及头部棺板外侧。包括喇叭口细颈陶壶九件（褐釉陶壶四件，灰陶壶五件）。器形均为喇叭形口、细长颈、弧腹、平底，口沿均有残缺，或为"毁器"葬俗。釉陶为泥质红陶胎，器表通体施褐釉，颜色鲜亮，釉质保存较好；泥质灰陶壶纹饰主要有刻划的波浪纹、竖线纹、卷草纹、叶纹，以及压光的网格纹、横线纹、斜线纹等。喇叭口粗颈陶壶五件，泥质红陶胎，外表施黄釉，喇叭口、粗颈、弧腹、平底，口沿均有残缺。铁器一件。出土于木棺外西侧，器形为铁灯盏。灯盏为钵形，底座为四力士托举状。灯盏口径14.5厘米，底部边长为7.5厘米，通高17厘米。青铜器一件。器形为三足盘，出土于木棺外东侧。盘口径21.5厘米，底径16厘米，足高4.2厘米，通高10厘米。铜盆口沿上竖立有六个鸟（鹰）形小饰件，口沿外侧下饰有连续方格纹，底部有三足，为马蹄形足。

金器共计六十余件（组）。为头饰和项饰，包括项珠、带、铎、心形饰件、耳坠等。银器两件。鎏金银耳杯一件，出土于木棺内，具有显著的汉代风格。银碗一件，高4.5厘米、口径14.2厘米，器物外部对称饰有四个人头像（一男三女），人种为欧罗巴风格，头像之间饰卷草纹、忍冬纹等纹饰。

玻璃器一件。器形为碗，圆唇、弧壁、平底，天青色、内含气泡较多、透明度较高。漆器三件。黑漆碗一件，器形完

鎏金铜铺首

整，夹苎胎，外表髹黑漆。奁盒两件，保存较差，已成残片，木胎，外表髹红漆。红色漆皮表面再饰金彩和黑彩忍冬纹、龙纹、凤鸟纹。玉石器 17件（组）。白、红、黑色玛瑙珠共15件；松石饰两件。

伊和淖尔墓葬与山西大同地区发现的北魏司马金龙墓以及大同南郊七里村墓群、迎宾大道墓群等所出鎏金铜铺首、铜帐钩、玻璃器、铁灯等形制基本一致。由此初步推知，伊和淖尔墓葬墓主人的下葬年代应为北魏平城时期太和年间，等级地位或介于司马金龙与杨众庆之间，可能是镇守北方六镇的一代封疆大吏。

隋唐时期

　　史载，锡林郭勒地区在隋朝时期，北部、东部由东突厥占据，西部、南部属奚部安乐郡、涿郡北境；唐朝时期，南部为河北道北境，北部为关内道北境，属突厥单于都护府辖地。据第三次全国文物普查数据统计，发现的隋唐时期古遗址、古墓葬、岩画群等不可移动文物点共计84处。其中，以苏尼特、阿巴嘎地区的石板墓、石堆墓群为大宗（约占80%），部分墓群还遗留有石雕人像。

　　20世纪50～70年代，有学者对锡林郭勒草原上分布的石人、石堆墓进行过较为广泛的调查，并对阿巴嘎旗北部的巴彦图嘎地区的两座石人、石堆墓进行过发掘。通过发表的资料来看，未见出土时代特征明显的典型器物，但是却对墓葬形制进行了总结。嗣后，结合周邻地区的考古资料对该类墓葬进行了对比研究，认为锡林郭勒的这些石人、石堆墓在年代上可能有早有晚，但族属应该均属于突厥人，有的可能稍早于隋唐时期，或为柔然人治下的突厥人，有的是突厥汗国时代的突厥人，甚至也有后突厥时期的突厥人。总的来说，这些墓葬的年代可能是公元6～8世纪的遗迹。

　　锡林郭勒地区隋唐时期的这批物质文化遗产对于研究我国古代北方游牧民族的历史非常重要，亟须加强保护并组织力量开展进一步的工作。

‖15‖ 阿巴嘎旗阿拉坦陶高图墓群

撰稿：苏德那木旺其格
摄影：乌力吉

阿巴嘎旗重点文物保护单位。

位于阿巴嘎旗那仁宝拉格苏木阿拉坦陶高图嘎查，南距那仁宝拉格苏木四十余公里。阿拉坦陶高图墓群在第二次全国文物普查时被发现，第三次全国文物普查时进行了复查。

阿拉坦陶高图墓群占地面积约90平方米，地表可见六座石板墓，墓葬由北向南呈"一"字形排列，单体墓葬用黑色玄武

墓群（北—南）

墓群（南—北）

单体墓葬

单体墓葬

岩石板围砌成长方形墓圹。最大墓葬长约5米、宽约3米，石块最高处距地表约0.5米，小者长约3米、宽约1.5米。墓葬群保存状况一般，其中有三座墓已被盗墓者破坏，地表上留有明显痕迹，盗坑呈锅底形，深约0.3米，另三座保存较好。根据墓葬形制初步推测该墓群为隋唐时期属北方民族的突厥遗存。

单体墓葬

‖16‖ 阿巴嘎旗巴彦图嘎石人墓群

撰稿：程鹏飞　苏德那木旺其格
摄影：乌力吉

位于阿巴嘎旗北部巴彦图嘎苏木所在地胡吉日图的西北约5公里的草原上。1972年9月，内蒙古文物工作者曾对巴彦图嘎石人墓群进行过考古调查和抢救性清理工作。

巴彦图嘎石人墓群共发现墓葬四座和石人像两座。墓葬均用石块堆积而成，地表暴露的石堆呈椭圆形，最大直径约5.5米，最小直径为4.8米，墓葬石块最高处

石人远景及局部

调查登记——与牧民、边防战士联防

距地表约0.5米。其中1号墓葬旁边倒有一石人，石人用长约1.7米的不规则灰白色花岗岩厚石条刻制而成，仅在石条的上部较粗糙地单线阴刻出圆脸型人头像，头部长、宽均为0.2米。1号墓葬清理后可以清晰地看出是一座近似圆形的石堆墓，东西直径5.4米、南北直径5.6米。通过清理，墓室内有少量的马牙、马肢骨以及灰烬，灰烬下为坚硬的灰白色原生土，此外无任何其他遗迹和遗物。2号墓葬位于1号墓葬东侧，两者之间相距约0.6米。该墓葬同样也是石堆墓葬，发掘前已有深约0.4米的盗坑，从表面可看出石堆被人为扰乱过，地表暴露出的竖立石板不多，而且也较小，但东南竖立两个石板与1号墓葬的门道缺口相似，缺口处被石块、石片塞满。2号墓葬石人与1号墓葬的石人一样，也是在石条上部粗糙地刻出人头像，为长脸形，石条宽而薄，为灰黑色玄武岩。

下部埋在墓土中的一段较窄，表面风化比1号墓葬石条严重。据说石人原为竖立在墓葬石堆圈内，面向东南，露出地面约0.53米，石条长约1.7米，被挖出时摔成三段。通过清理发现，2号墓葬和1号墓葬形制相同，外圈是石块、石片层层相叠的石堆，但较杂乱。石堆里是一圈较1号墓葬矮小的石板竖立呈椭圆形，南北约3.6米、东西约3米。墓中平铺石板，下挖至0.8米处，有分布不规则的人骨，而且数量也不多，未见有动物骨骼，墓室边沿不是很清晰，再向下挖也与1号墓葬一样是坚硬的灰白色土，没有其他遗迹和遗物。通过调查，在巴彦图嘎周边地区另发现其他墓葬14座。根据与蒙古国、我国新疆等地区的石人、石堆墓进行分析对比，初步推测巴彦图嘎地区的石人、石堆墓的族属应该是突厥人，属于6～8世纪时期的遗迹。

‖17‖ 苏尼特左旗海留吐沟墓群

撰稿：苏德那木旺其格
摄影：迪日嘎　沈伟

内蒙古自治区重点文物保护单位。

位于苏尼特左旗达来苏木新阿米都日勒嘎查海留吐沟。第二次全国文物普查中锡林郭勒盟文物站对海留吐沟墓群进行过调查登记。

海留吐沟墓群分布范围较大，可分为海留吐沟墓群、海留吐沟东墓群、海留吐沟西墓群三个部分。海留吐沟墓群地表可见两座平面呈长方形石圈墓葬，两者之间距离约0.2米，墓葬大者长约4米、宽约2米，石块最高处距地表约0.4米；小者长约2米、宽约1米。石圈墓葬东半部石板已被破坏，石圈内排列有呈"品"字形石块。海留吐沟东墓群地表可见有椭圆形石板堆积墓葬六座，顶部石板呈鱼鳞状排列，最大者直径约4米，高约1米，小者

海留吐沟西墓群全景

海留吐沟西墓群

海留吐沟西墓群

海留吐沟东墓群

海留吐沟西墓群

海留吐沟西墓群

直径约1.5米、宽约0.8米。海留吐沟西墓群地表可见10座用石块堆积成石头圈和石头堆的墓葬。长方形石头圈墓葬分为单圈墓、双圈墓、多圈墓三种，最大者直径约5米，小者直径约1米，石块最高处距地表约0.5米。方形石头圈墓葬最大者长约5米、宽约2.5米，墓葬正中央竖立一块石柱或石板。石柱高出石头圈0.6~1米，有的石柱上端凿磨有符号。方形石头圈一侧竖立一块大石板，高出石头圈一倍多。其中两座墓葬被盗墓者破坏，盗坑尚浅，深约0.2米，其余墓葬保存较好。苏尼特左旗文物管理所工作人员2009年对该墓群被盗墓葬进行过抢救性清理工作。通过清理，出土了数十件兽骨，此外未发现其他随葬品。根据墓葬形制初步推测该墓群为隋唐时期的突厥文化遗存。

‖18‖ 苏尼特左旗萨如拉登吉墓群

撰稿：苏德那木旺其格
摄影：迪日嘎　沈伟

位于苏尼特左旗赛罕高毕苏木萨如拉登吉嘎查境内一座小石山的阳坡上，东南距满都拉图镇约105公里。第三次全国文物普查时发现。

萨如拉登吉墓群占地面积约1平方公里，墓葬分布较为分散。目前在地表上可以清楚地看到15座石圈墓葬，较大型石圈墓共有六座，平均直径约8米，由不规则石块堆砌成近圆形的石头圈，石块高出地表约0.3米。较小型的墓葬共九座，墓葬由石块堆砌为圆形或方形，方形墓葬最大者长约4米、宽约2米、石块

墓葬1

墓葬2——带有墓门茔墙

墓葬3

墓葬4

距离地表高度约0.5米，圆形墓葬平均直径约3米。该墓群的所有墓葬前均立有石板，有的立有两块石板，似作为墓茔的门道。石板均宽约0.35米、高出地表约0.7米、厚约0.3米，石板上没有发现刻字、符号等。墓葬均未被盗掘，地表也未发现任何遗物。根据墓葬形制初步推测为隋唐时期突厥文化遗存。

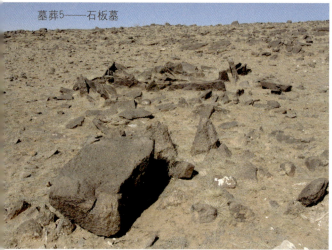

墓葬5——石板墓

墓葬6——石圈墓

⫼19⫼ 苏尼特左旗勿尔图保拉格墓群

撰稿：苏德那木旺其格
摄影：沈伟

位于苏尼特左旗巴彦乌拉苏木新阿米都日勒嘎查宝德尔石林西侧勿尔图保拉格遗址西约200米处，东北距嘎查办公所所在地约13公里。为第三次全国文物普查时发现。

勿尔图保拉格墓群分布范围较大，地表共发现石堆、石圈墓葬17座。根据集中程度可把墓群分为勿尔图保拉格北区、勿尔图保拉格中区、勿尔图保拉格南区三部分。北区墓葬地表可见两座相邻的长方形石头圈墓葬，两者之间距离约0.5米。墓葬较大者长约2米，宽约1.5米，其中方形石头圈竖立一石板，石板高出地表约0.3~0.5米，在石板侧面凿磨有符号。较小墓葬长约1.3米、宽约0.8米，石块最高处距地表约0.3米。墓葬周围地表没有发

墓群全景（西南-东北）

墓葬

墓前的石刻划符号

墓群全景（东南—西北）

单体墓葬2

现任何遗物。中区墓葬北距北区墓葬约1公里，位于一座山丘南坡。地表可见长方形石头圈和石堆墓葬11座，其中最大者长方形墓葬长约5米，宽约3米，方形石头圈中央竖立一石板，高出地表0.35米。南区墓葬北距中区墓葬约1公里，周围地势平坦。地表可见长方形石头圈和石堆墓葬四座，最大者长方形墓长约5米，宽约3米，石头最高处距地表约0.4米。小者长约1.5米、宽约1米，墓葬中央未发现竖立石板。该墓群保存情况良好，根据墓葬形制初步推测为隋唐时期属突厥文化遗存。

单体墓葬1

单体墓葬4

单体墓葬5

辽金元时期

916年，北方民族契丹建立政权后，锡林郭勒地区被纳入上京临潢府管辖。目前多个旗县发现辽代墓葬，年代从早到晚均有。巴彦锡勒城址是锡林郭勒地区唯一一处被确认的辽代城址，专家考证是仪坤州故址。

1115年，女真部建立大金国，锡林郭勒地区东部属临潢府路庆州所辖，设置大盐泺(额吉淖尔盐池)群牧司，现东乌珠穆沁旗的额吉淖尔湖边发现了大量的金代陶瓷碎片等遗物。南部属宣德州辖地；中部正蓝旗一带由西北路招讨司所辖，设置桓州(正蓝旗四郎城遗址)；西部为汪古部所辖。金王朝为了防御其北部和西北部的蒙古部族侵扰，在锡林郭勒境内修筑了多道界壕。目前，有10个旗、县、市区内发现有界壕防御工事。此外，金代墓葬在锡林郭勒地区也时有发现。

13世纪中叶，蒙古在漠南龙兴，在正蓝旗境内建起元代第一都城——元上都，为元朝的夏都，是元朝重要的政治、经济、文化中心之一。元上都附近还发现了砧子山、一棵树、羊群庙等墓地和祭祀遗址。此外，锡林郭勒地区还发现了乌兰沟、恩格尔河、哈力雅尔等出土金马鞍的蒙古贵族墓葬以及数以百计的蒙元时期墓葬。

辽金元时期，是锡林郭勒地区历史发展的最为重要的一个阶段，因元上都的建立，锡林郭勒地区也曾成为大一统下的元王朝全国的政治、经济、文化中心。上都作为国际性大都会，也成为当时世界文化的中心。

据第三次全国文物普查资料统计，锡林郭勒地区共发现辽金元时期不可移动文物点共计243处。这些宝贵的物质文化遗产对于研究锡林郭勒地区的文化和历史具有极为重要的价值。

‖20‖ 锡林浩特市巴彦锡勒古城遗址

撰稿：萨仁图雅
摄影：乌兰　杨建甫　都古尔苏荣

内蒙古自治区重点文物保护单位。

位于锡林浩特市巴彦锡勒牧场场部东南约500米处。

巴彦锡勒古城遗址北依低缓山丘，东西两侧地势平坦开阔，土地肥沃，水草

古城东墙

古城北墙

采集的瓷器标本

各长650米，墙基宽约10米，残存墙高约1～2米，城墙四角存有角台遗迹。此城唯有北墙筑有马面，共计8个，马面凸出于墙面外约5米，高出墙体0.5～1米，呈丘状，宽约10米，马面间距约60米。在东城墙中央位置辟有一门，宽约12米，南、西两门不存。城内地表采集到大量灰陶罐、钵、盆残片、瓷碗残片等标本。在城内西北角现住牧户围墙底部可见数个石磨、石臼。石磨呈折腹盘状，内外凿有浅沟纹，直径32厘米，厚度8厘米。石臼整体呈圆形，臼口为圆形，口径20厘米，内壁光滑，臼深20厘米。

丰美，南面可遥看浑善达克沙地，城南曾有一条自西向东流淌的小河，现已干枯。古城遗址平面为长方形，面积约为37万平方米，方向南偏东40°。遗址城墙为黄土夯筑，东、西城墙各长490米，南北城墙

通过多次调查和实测，发现城址规模、建筑构造及城内采集的遗物，均具有辽金时代的文化特征。有学者推断该古城或为辽代上京道临潢府所管辖的仪坤州城址。

被牧民作为墙基石的城内石臼

‖21‖ 锡林浩特市哈珠乌苏遗址

撰稿：萨仁图雅
摄影：乌兰　杨建甫　都古尔苏荣

位于锡林浩特市阿尔善宝力格镇巴彦塔拉嘎查境内，为第三次全国文物普查时发现。哈珠乌苏遗址西依阿拉坦敖包山，背风向阳，东面地势平坦开阔。

哈珠乌苏遗址南北长约300米，东西宽约200米，总面积约6万平方米。遗址中部由南向北遗留五个大小不等的玄武岩石质的大石臼，部分石臼中石杵仍有保留。偏东南部发现18座保存完好的石堆墓，遗址地表散落大量陶瓷片，器形有盆、罐、碗等。在遗址范围内地表上还采集到一枚唐代开元通宝及三枚北宋铜钱。根据采集陶瓷片的器形风格初步推断该遗址年代为辽金时期。锡林浩特地区在辽代属上京道西境，该遗址可能系辽代边防城遗址。

遗址内的石臼

遗址内墓葬

遗址内墓葬

遗址内墓葬

遗址内墓葬

地表采集的陶瓷片标本

‖22‖ 正蓝旗旧桓州城城址

撰稿：朝宝力高

摄影：珊丹

内蒙古自治区重点文物保护单位。

位于正蓝旗郭达浩特镇西北25公里处，南距黑城子种畜场第四分场1公里，距上都河2公里，附近老百姓都叫它旧太平镇。城附近有宽阔的草原，有山有水。

金代旧桓州城城址平面呈正方形，边长约600米，方向3°。城墙夯筑，基宽8～10米，残高3～4米，每隔100米修建一个马面。南墙、西墙居中开有门址，门宽二十余米，建有马蹄形瓮城。城的西北角有一组长100米，宽92米的建筑遗址，散布有残砖、布纹瓦残片，很明显这是城中一处重要的建筑址，城内的其他建筑遗迹布局规整，是有计划按比例修建的。从地表散布的铁锈花粗瓷罐、酱釉、黑釉和绿釉缸等遗物特征来看，此城址属金代城址。

据《金史》记载，旧桓州建在大定二年（1162年）。金世宗大定八年（1168年）五月，以"莲者连也，取其金枝玉叶相连之意"，将曷里浒东川命名为金莲川。大臣移剌子敬请求将西北路招讨司北迁至界壕附近，以保护皇帝的安全。于是，金莲川上的桓州城就成为西北路招讨司的治所。金史《兵志》、《地理志》记载"凡边境置乎之州三十八"，桓州

城是其中之一。这时的桓州城建在"北至旧界八里半"的位置。金代把长城和壕堑称"界"，旧桓州城在界壕以南的位置与史籍记载颇合。另，《口北三厅志》有记载称，"开平"（即元上都）在度（独）石口北三百里处，金时在这里建立桓州衙门，当时有两座桓州城，东为新桓州，西为旧桓州，相距三十里。这段记载也明确了新旧桓州城的相对位置。

旧桓州城在金代中期后废弃不用，其作为行政机构驻地时间较短，故城内建筑遗迹遗物并不多，规模也比新桓州城（四郎城）小一半。但它的建筑形式和特征与新桓州城有相似之处。《元史·地理志》记载："桓州，下。本上谷郡地，金置桓州。元初废，至元二年复置。"

旧桓州城北城墙（西-东）

‖23‖ 正蓝旗四郎城城址

撰稿：朝包力高　程鹏飞

摄影：珊丹

全国重点文物保护单位。

位于正蓝旗上都镇四郎城嘎查南100米。上都郭勒（闪电河）北岸200米处，南距正蓝旗政府所在地敦达浩特镇约2公里。该地区北为起伏不大的丘陵，南有东西横亘的大山，中间为自西向东流淌的闪电河，地势开阔，从古至今是中原通往漠北高原的重要通道，地理位置十分重要。

四郎城由外城和内城组成，内城位于外城东北角。外城城址平面呈长方形，东西长1165米，南北长1100米。城墙残高3～5米，基宽6～8米。城墙系夯土筑成，夯层厚12～15厘米，夯层平整。城墙四面均筑有马面，马面距离不等，各城墙构

筑的马面数量不一，其中东墙、南墙各13个、西墙15个、北墙16个，总计57个。马面表面呈圆丘状，间距35～130米不等。外城四角建有角楼，西北角楼仅存残基。西南角楼被破坏殆尽。东南角楼平面呈圆形，突出墙面10米，现高出墙体1米。东、南、西三墙正中各筑一城门，外筑瓮城。瓮城平面呈马蹄形。外城东门宽15米，瓮城最大直径51米，突出城门22米；西门宽12米，瓮城被毁；南门宽10米，突出城门25米。

内城平面呈长方形，东西宽285米，南北长288米。内城南墙正中开一城门，宽10米。距内城西墙外20米有一条护城

全景（北—南）

内城（北—南）

河，长610米。城内遗迹保存较好，正对
东城门处有一条街道，东西向，长125
米，宽15米。城内发现院落基址两处。1
号院落基址距北城墙216米，平面呈长方
形，长43米，宽30米；2号院落基址位于
内城西部，平面呈长方形，长19米，宽14

米。建筑基址10处，分布在外城南部。

　　该城被确定为金代的新桓州城，它曾
是金王朝西北路招讨司所在地，一度被作
为刺史州，是西北边境的军事重镇。金
后，为元代桓州及明桓州驿。

东城墙（南—北）

南城墙（南-北）

北城墙外侧（西-东）

西城墙外侧

24 镶黄旗那仁乌拉城址

撰稿：朝宝力高
摄影：尼玛敖斯尔

内蒙古自治区重点文物保护单位。

位于镶黄旗巴音塔拉镇那仁乌拉嘎查境内。城址周边地势平坦，为典型草原景观地貌。

那仁乌拉城址平面呈正方形，边长为1150米，坐向略朝西南，方向189°。墙体为夯筑，基宽约15米，顶宽约5米，残高3～5米，东西南北城墙正中各开一个城门，门宽5～5.5米，城墙外7米处有护城河。城内中心位置有一座土夯高台，平面呈长方形，南北长280米，东西宽160米，高台坐向略朝东南，方向173°，其上未发现有建筑遗迹现象。城内其他地方也未发现任何建筑遗迹。地表遗物发现较少，采集到少量的陶片和瓷片，陶片为灰陶，个别装饰篦点纹；瓷片有白瓷碗片、黑釉罐片，根据采集标本初步推断古城的年代为金代。金界壕南线西支线在该城址北面28公里处由东向西逶迤通过，推测该城为金代一所重要边防城池，或为金代边境所置的三十八州之一。

东城墙（西－东）

西城墙中段（东－西）

城址全貌

城外

城内（东北—西南）

‖25‖ 太仆寺旗宝日浩特城址 ——

撰稿：程鹏飞

摄影：田义华　特古斯

城址全景（东北-西南）

太仆寺旗重点文物保护单位。

位于太仆寺旗贡宝拉格苏木白马群嘎查南500米的半山坡上，坐落在一条不知名的小河流东岸，城内地势东南高西北低，周边为典型草原景观。宝日浩特城址在第三次全国文物普查中被发现，为内蒙古自治区第三次全国文物普查"二十大新发现"之一。

宝日浩特城址平面呈长方形，坐向朝东南，方向112°。城墙为夯土版筑，外侧包砌石片，南北长470米，东西宽310米。城墙四角有角台，墙体上每隔75～85米建有一座马面，共计有14座马面，分别为北墙3座，西墙4座，南墙2座，东墙5座。西城墙和南城墙正中开有城门，筑有马蹄形瓮城。南门瓮城面积722平方米，西门瓮城面积1178平方米。

城址内偏南部有一道东西向的墙体将城址分为南北两部分，南部城址南北宽度为140米。北部城址平面基本呈正方形，与金界壕南线边堡的规格大小相同。城内依稀可见街道和房屋等建筑基址，地表罐、缸、碗、钵等陶瓷残片随处可见。因为墙外包砌的石片为当地所产的紫红色石

西城墙上的马面

北城墙（东—西）

材，因此当地蒙古族牧民称此城为宝日浩特城，也就是紫城的意思。

该城始建于金代，金界壕在城址北部呈东北西南走向逶迤通过，恰在城址北部3公里的界壕上有一处关堡，关堡坐落在小河上游的东岸。推测该城址与界壕、关堡应具有一定的相关性。该城址在元代经过改建，为元代大都至上都的驿站。据元人周伯琦《扈从诗后序》记载，大都至上都的驿道西路，在查罕脑儿和宝昌州之间，有遮里哈剌和忽鲁秃两处捺钵。宝日浩特城址距离元宝昌州故址（今河北省沽源县九连城古城）较近，因此，该城址也可能为元代忽鲁秃捺钵地之所在。

‖26‖ 锡林郭勒盟境内金界壕 ———————

撰稿：程鹏飞　丹达尔
摄影：程鹏飞　苏德那木旺其格　丹达尔　朝包力高

全国重点文物保护单位。

金王朝为了防御其北方的塔塔尔、蒙古等部族，掘壕筑堡，修筑了金界壕。金界壕又称金长城、"兀术长城"、"明昌长城"，俗讹称"成吉思汗边墙"。现代人叫它"边壕"、"和日木"、"草原长龙"。"和日木"是蒙语，汉译成"墙"。

锡林郭勒盟境内的金界壕可分为四条线路，分别为主线西支线、漠南线、主线北线、主线南线，在东乌珠穆沁旗、阿巴嘎旗、苏尼特左旗、苏尼特右旗、锡林浩特市、多伦县、正蓝旗、太仆寺旗、镶黄旗、正镶白旗境内均有分布。不同段落的界壕设计复杂程度不尽相同，靠北部的漠南线界壕设计较为简单，仅为挖壕筑墙，内部设规格较小的边堡；越靠南部界壕设计越复杂，界壕包括主墙（内墙）、内

东乌珠穆沁旗边堡采集的瓷器标本

东乌珠穆沁旗呼勒特敖包嘎查界壕

多伦县北石门乡界壕2段（东—西）　　　　　正蓝旗三分场界壕1段（东—西）

太仆寺旗千斤沟镇贾家营子界壕1段（西—东）　太仆寺旗千斤沟镇贾家营子界壕1段（东—西）

太仆寺旗贡宝拉格苏木满都拉图界壕2段（东—西）

阿巴嘎旗乌格木尔嘎查界壕 石墙

东乌珠穆沁旗扎格斯太界壕剖面

太仆寺旗千斤沟镇马蹄沟界壕1段1号马面（东-西）

太仆寺旗贡宝拉格苏木满都拉图界壕2段（西南-东北）

壕、副墙（外墙）、外壕、马面、边堡、关堡和铺房等设施，墙体大体呈东北-西南走向。全盟境内金界壕总长度可达1080公里，沿线共设马面867座，边堡58座，关堡2座，铺房37座。

漠南线在锡盟境内总长度为547公里，沿线发现边堡22座，边堡形制为平面呈正方形，边长为40～50米，南墙或东墙正中开有一门；主线西支线总长度为120.8公里，北线附近发现附属边堡16座，边堡形制为平面基本呈正方形，边长为170～200米之间，南墙或东墙正中开有一门；主线北线总长度为270公里，南线西支线上发现附属界壕的边堡14座及马面515座；主线南线总长度为141.8公里，南线总共有边堡6座、关堡2座、马面352座及铺房37座，主线北线一般分布在山麓上或较平缓的川地上，掘壕时将土堆积在内

侧形成长墙，墙基宽5～8米，残高0.5～3米，一般未经夯筑，个别地段曾经补筑或夯筑。因金界壕所经地区土质不同，有黄土或土石混杂或沙砾等各种墙体。沿线在转折处加筑若干处突出墙外且高于墙体的望台（马面），间距200～500米；每隔5～10公里兴筑边堡或铺房1座，有的利用壕墙为其一面墙建筑铺房，有的则在壕墙内另筑小型边堡，再在边堡内侧10～20公里兴筑较大型的城堡（边防州），为其指挥中枢。

金界壕是内蒙古自治区最长的长城体系，也是我国长城防御体系中较为独特的一种。它作为一种线性文化遗产，对于我国北方边疆史地研究具有重要的历史价值。

‖27‖ 正蓝旗元上都遗址

撰稿：陈永志 张红星
摄影：陈永志 塔拉 魏坚 杨星宇

全国重点文物保护单位，世界文化遗产。

　　位于正蓝旗上都河镇东北20公里处，地处滦河上游闪电河北岸水草丰美的金莲川草原上，北依龙岗，南临滦河。

　　1990年8～9月，内蒙古自治区文物考古研究所清理发掘了元上都砧子山南区墓地，发掘墓葬96座；1998～2000年，清理发掘墓葬102座；2008～2011年，内蒙古自治区文物考古研究所完整地测绘了元上都城址及相关建筑遗迹，并结合测绘进行大规模的考古勘探工作，同时考古发掘了明德门、御天门、大安阁、穆清阁等重要建筑基址。

　　元上都城址由宫城、皇城、外城和关厢四大部分组成。宫城呈长方形，东西宽570米，南北长620米，现存城墙高约5米。宫城内的主要建筑大安阁、穆清阁、

元上都遗址

水晶殿、香殿、宣文阁、仁春阁等建筑遗迹清晰可辨。皇城呈正方形，每边长1400米，墙体残高约6米，建有高大的角楼。乾元寺、大龙光华严寺、孔庙和道观等宗教建筑分布其中。外城为正方形，每墙皆长2220米，现存高约5米。外城北部是皇家园林，称为"北苑"，当时这里有"高榆矮柳，金莲紫菊"，是皇家豢养珍禽异兽、培植奇花异草和举行小型射猎活动场所，著名的"棕毛殿"就建在这里，也是举行大型宴会"诈马宴"的所在。西部是"西苑"，内有忽必烈汗所建的行宫，是皇帝的避暑地区。

元上都现存有13个城门。其中宫城分别为东、西、南"丁"字三街相对的东华门、西华门和御天门，元诗："东华西华南御天，三门相对凤池连"即指的是这三个城门。皇城南门为明德门，北门为复仁门，皇城六座城门均建有瓮城；在皇城和宫城墙体外侧，建有护城河环绕。

上都城的东、西、南、北都设有关厢区。关厢内建筑分为粮仓，大型院落，小型民居和临街店铺等几大类，建筑布局整齐划一。在西关发现的东西向主干街道两侧，有成排的临街店铺遗迹，此类建筑均连有后院及成排的住房，应是元上都的商业区。东关因靠近皇城，地势空旷，遗迹较少，为王公贵族觐见皇帝之处，也是帐幕云集之所。元代有"西关轮舆多似雨，东关帐房乱如云"的诗句，即指的就是元上都东关、西关当时的场景。南关遗址为酒肆、客栈一类的建筑遗存，因靠近滦河，故元诗有"滦水桥边御道西，酒旗闲挂暮檐低"的描述，也有"滦河美酒斗十斤，下马饮酒不计钱"的感叹。北关为

屯兵之所。在北关，发现了两处规模较大的、并列的、整齐划一的建筑遗迹，应是驻军的院落遗址。

在元上都城址西北外侧还保存一处完整的防洪设施，这就是著名的铁幡竿渠，是由郭守敬于大德二年（1298年）实地勘

查设计的。目前堤身与沟渠仍然保存完好，全长6公里，堤身用褐色黏土夯筑、外用石砌。至今每当雨季来临，洪水暴发，铁幡竿渠仍在发挥着作用。

元上都遗址所在地金莲川草原一带，历史上曾经是中国古代游牧民族频繁活动的地区。1251年，成吉思汗之孙忽必烈受命总领漠南汉地军国庶事，驻帐金莲川，建立了金莲川幕府。1256年，忽必烈命刘秉忠择地兴筑新城，此为元上都的滥觞。1259年，新城建成，城市背靠山峦，南临滦河，放眼一望无垠的草原，气势

元上都全景（西北-东南）

金莲川草原

城垣遗迹情况

恢弘，遂命名为"开平"。元代文人曾称开平城："龙岗蟠其阴，滦水经其阳，四山拱卫，佳气葱郁。""山有木，水有鱼盐"。1260年，忽必烈在此召开忽里勒台大会，登上汗位，并依中原王朝制度，建元"中统"，将开平升为府，置中书省，总理全国政务。1263年，正式诏令开平府为上都，同年迁都燕京。自1263年始，元世祖忽必烈每年2月起程赴上都，8月底返回，元朝两都巡幸制度由此形成。元朝皇帝每年有半年时间在上都避暑，同时处理军国大事。由于上都的地理位置"控引西北，东际辽海，南面而临制天下，形势尤重于大都"。所以，元世祖、元成宗、武宗、天顺帝、文宗、顺帝等六位皇帝都在上都继位登基，显示了上都举足轻重的政治、军事地位。作为元朝的夏都，每年皇

元上都宫城（北—南）

东关的广济仓遗址〔西北－东南〕

西关市肆遗迹

城墙与护城河

排水设施

铁幡竿渠遗址

护城河排水闸遗址

东城墙遗址

帝驻夏时，前来朝觐的各国使节、王公贵族、百官及护卫将士云集上都，毡车如雨、牛马如云。商人、传教士、旅行家纷至沓来，这其中又以马可波罗最为后世所熟知。在元上都城内居住有蒙古人、汉人、契丹人、回鹘人、高丽人、尼泊尔人等，元上都成为当时蒙古草原地区最为辉煌的都市，国际性的大都会。

1358年农历十二月，红巾军关先生、破头潘部攻陷上都，掠走玉玺、仪仗、珠宝等，元上都衰落。1369年8月，明将常遇春、徐达率领的中路大军攻克上都城，元上都逐渐废弃。1396年，明朝在上都正式设开平卫指挥司，并修缮城垣。

1430年，开平卫移到长城以内的独石口堡（今河北赤城县独石口），改隶万全都指挥使司，元上都彻底废弃。16世纪初期，蒙古达延汗重新统一蒙古各部，元上都地区属于应绍不万户的封地，为"云需府"管辖。清初，蒙古右翼诸部在此驻牧，并在元上都遗址上修建了庙宇，故元上都遗址又被称为"兆奈曼苏默"（一百零八庙之意）。

元上都遗址是蒙古高原南部、中国北方草原地带保存最为完整、规模最大、地下埋藏文物最为丰富的草原都城遗址，具有重要的历史、科学、艺术和社会价值。

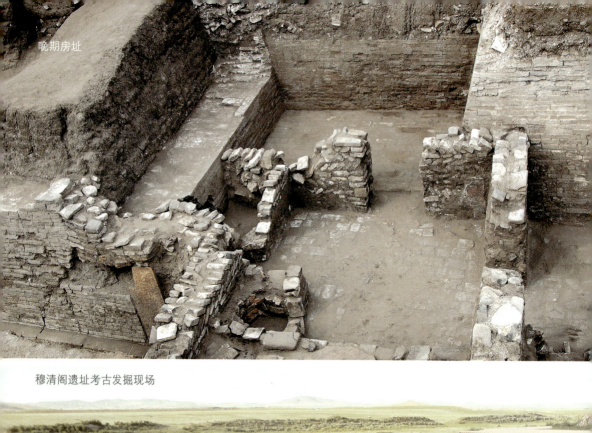

晚期房址

穆清阁遗址考古发掘现场

穆清阁东阙台楼阁遗址

穆清阁踏道象眼

穆清阁踏道

出土的龙纹角柱

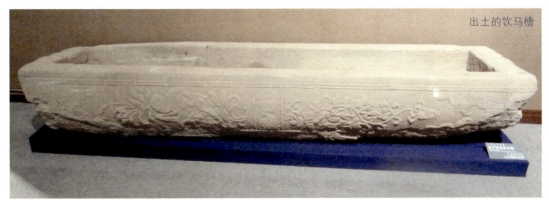
出土的饮马槽

出土的碑额

出土的石质房屋模型

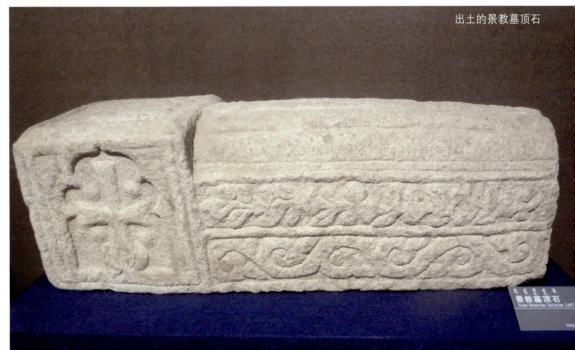
出土的景教墓顶石

忽必烈像

龙形鸱吻

出土的青花瓷器

出土的琉璃筒瓦

瓦当滴水组合

⫾28⫾ 正蓝旗羊群庙祭祀遗址

撰稿：陈永志
摄影：陈永志

内蒙古自治区重点文物保护单位。

位于正蓝旗羊群庙奎素沟村北约0.5公里处山湾内的缓坡地带（当地俗称石人湾）。羊群庙祭祀遗址所在地为浅山丘陵地貌，为半农半牧区，东南距元上都遗址

32公里。

羊群庙祭祀遗址分布在一列大致东北－西南走向的小山脚下，地势背西向东，十分开阔平整。四处祭祀遗址由北向南依次排列，其中，一号祭祀遗址距二

一至三号祭祀遗址分布（北－南）

一号祭祀遗址

二号祭祀遗址

三号祭祀遗址

一号祭祀遗址地表

一号祭祀遗址发掘现场

号祭祀遗址最近，间距约350米；三号祭祀遗址距四号祭祀遗址最远，间距约900米。每处祭祀遗址均有石围墙、祭台和汉白玉雕像组成，大都残存有部分建筑基址和供祭遗存等。

一号祭祀遗址的石围墙南、北两边作平行直线，东、西两边作弧形弯曲，平面呈椭圆形，东西长34.3米，南北宽30.5米，方向110°。围墙系用自然石块叠砌而成，墙基宽1.3米，因石墙大部分地段石块被挖走，故地表形成一道深约20厘米的规则浅沟。祭台位于围墙内中间偏后处，西距围墙10.6米，东距石雕像2.8米，经解剖得知，在祭台及石雕像下，夯筑一东西长13.5、南北宽8.75米的长方形基座。祭台建筑遗迹破坏十分严重，在石雕像和祭台的四角均保存有基石。汉白玉石雕像位于石围墙内中间偏东处，东距围墙10.4

米。雕像头部已失，右手稍有残缺。石雕人像正襟危坐于靠背圈椅之上，服饰为内穿紧袖口长衫，外穿右衽半袖长袍。长袍环胸背及双肩饰双龙纹和卷云纹图案。供台叠压在倾倒的石雕像后部的基座之上。系用残砖和石片四面围砌而成，平面呈不规则的长方形。

一号石雕像

在地表原生土层之上。祭台平面呈正方形，底边长约7～7.5米、现存高度2.17米。祭台外侧由下至上大致可分为三层，祭台现存第三层，四边较为整齐，仅余顶部呈圆形拱状的夯土台，其上不见其他遗迹。附属的建筑遗迹是已清理的四处祭祀遗址中保存最好的一处。在石雕像和祭台的四周均保存有较大的基石，石质十分坚硬，表面平整，多作不规则的方形和长方形，近旁常留有平铺的小砖，其上均残存有白灰痕迹。汉白玉石雕像位于石围墙内祭台前略居中，已向前方倾倒，东距围墙15.2米。雕像除头部残缺外，余保存较好，残高1.35、最宽0.79、最厚0.58米。石雕人像端坐于靠背圈椅之上，内穿紧袖口长衫，外穿右衽半袖长袍。

二号祭祀遗址的石围墙大部分保存较好，均用自然石块砌成。围墙南北两边作平行直线，东西两边作弧形弯曲，平面呈椭圆形，东西长37.5米、南北宽30米，石墙厚1.3米，残存高度0.45～0.6米，方向115°。祭台位于石围墙内中部偏后处，西距石围墙10米，东距石雕像2.4米，建

三号祭祀遗址围墙保存较好，南、北两边作直线，东、西两边呈弧形弯曲，平面作椭圆形。东西长41米，南北－西端宽30米，东端宽28米，方向130°。石墙共保存有三层石块，墙宽1.5米，现存高度0.7米，均用自然石块砌成。祭台位于石

二号石雕像

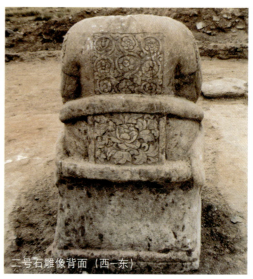

二号石雕像背面（西－东）

三号祭祀遗址全景（东—西）

围墙内偏西南处，西距围墙14米，东距石雕像2.35米，建在地表原生黄土层之上。祭台平面呈长方形，西侧因早期盗掘被破坏，其他三面保存较好。建筑遗迹被破坏殆尽，但在石雕人像周围保存有较大面积的白灰面痕迹。汉白玉石雕像位于石围墙中部略偏东南，东距围墙16.2米。雕像因盗掘，下沉约0.5米。该雕像头部、

三号石雕像

三号石雕像发掘现场

三号祭祀遗址供台内出土的弥勒瓷像

左臂和右手有残缺，其余保存较好，残高1.55、最宽0.84、最高0.68米。石雕像端坐于靠背圈椅之上，内穿紧袖口长衫，外穿右衽半袖长袍。袍之胸背及双肩部饰双龙纹和卷云纹图案。供台位于祭台和石雕像之间，平面呈长方形。供台用完整的青砖围砌而成，底部砖平铺，四壁砖立砌，南北长0.6、东西宽0.4、高0.3米，顶部用三块砖平铺封顶。

四号祭祀遗址石围墙西半部保存较好，用自然石块砌筑，东半部石墙已拆，仅余规则土沟。祭台位于围墙中部略偏西处，西距围墙10.3米，东距雕像2.4米。平面呈正方形，边长6米，石墙现存高度0.5米，方向115°。建筑遗迹仅在祭台及石雕人像之间残存有两块基石，平面呈方形，石质坚硬，表面平整。石雕像位于围墙中部偏东处，东距围墙9.7米。雕像已被砸毁，仅存两块残片，其中一块可辨出属基座上双脚部位，质料为较粗糙的汉白玉。

四处祭祀遗址出土的遗物以砖、瓦等建筑材料为主，其他质地的遗物出土较少。可分为建筑材料、瓷器、陶器、木签、铜钱等。

羊群庙祭祀遗址的发现和发掘是20世纪90年代末重要的考古收获，出土遗物中最具特征的是三尊精雕细刻的汉白玉石雕人像。石雕人像在我国的新疆和内蒙古北部地区等地均有过发现，特别是在蒙古国的东南部地区发现较多。以往的研究者多将其笼统归为突厥遗存。近年来，前苏联学者维克托罗娃和蒙古国学者巴雅尔根据对蒙古国达里甘加和温都尔汗山等地发现的石雕像的比较研究，得出了其中大部分石雕像属13、14世纪蒙古人的雕像的结论。羊群庙出土的汉白玉人像，在服饰、佩饰物、手中器皿及座椅等许多方面，完全同于蒙古发现的上述遗存，可见这些石雕人像也当属于13、14世纪蒙古人的遗存。

三号祭祀遗址供台内出土的"大清嘉庆年作"款瓷碟

三号祭祀遗址供台内出土的青瓷小罐

三号祭祀遗址供台内出土的青瓷罐

‖29‖ 多伦县东凉亭遗址 ——————————

撰稿：程鹏飞　朝包力高

摄影：崔晓华

遗址西城墙

内蒙古自治区重点文物保护单位。

位于多伦县蔡木山乡白城子村三组，南距多伦县城10公里。当地人俗称其为"白城子"。

东凉亭城址平面呈纵长方形，南北长390米，东西宽320米，方向168°。中央有高出地表约2米的残基，四周规则地分布九个台基，台基上散落有砖石、黄、绿、蓝色琉璃瓦的建筑残片。史载，东凉亭原有东、西、南门各一，正门为南门，南门大道很宽，有御道、官道、民道区别。城址内现已住满村民，遗迹被民房叠压破坏严重，北墙、西墙保存较好，城墙为夯土版筑。在东凉亭城外东北0.5公里处另有一座小城，小城呈长方形，南北长67米，东西宽58米，内有房舍及瓷器残片。

据《史集》所记，忽必烈在兴建开平府之前，就在金莲川以东为自己建了一座猎场，并为那里的宫殿取名为凉亭。后来，忽必烈称帝于开平，因凉亭地处开平以东，故名为"东凉亭"。东凉亭始建于元中统年间（1260～1264年），系元世祖忽必烈避暑、巡幸上都的一处行宫。蒙古语"只哈赤巴尔哈斯"，意为渔者之城。明洪武二十七年（1394年），置东凉亭驿，时称"开平东南第一驿也"，永乐年间废。清乾隆年间称白城废驿，据《口北三厅志》记载，"上京之东五十里有东凉亭，西百五十里有西凉亭，其地皆饶水草，有禽鱼山兽，置离宫巡猎至此，岁必校猎焉"。《一统志》记载说，"开平城东南有东西二亭，为元时巡幸驻跸处。"东凉亭遗址对于元代的巡幸路线、行宫制度等研究具有重要的历史考古价值。

遗址内城墙被民居当做墙体

‖30‖ 太仆寺旗重光墓

撰稿：朝宝力高　程鹏飞
摄影：于悦惠

太仆寺旗重点文物保护单位。

位于太仆寺旗幸福乡重光村西南1000米的高地上，东北距太仆寺旗40公里。

重光墓占地范围南北长约18米，东西宽约16米，面积三百余平方米。墓葬早年已经被盗，仅存墓前一座石雕人像。石雕人像系用凝灰岩石质的整石凿龛高浮雕而成。高1.55米，厚0.5米，上部宽1.1米，下部宽1.2米。石雕人像头戴长翅幞头官帽，帽翅两端雕有祥云纹。大耳阔鼻，面目端正，双手阔袖持笏，盘坐。雕工简约，栩栩如生。石雕人像身后的墓顶部有直径3米，深1.5米的盗坑，周边有五个直径1米的小盗坑。墓室被两块长2.5米、宽1米的花岗岩石板盖压，由于多次被盗掘，随葬品已散失，骨骸凌乱，只发现了少量辽代风格的陶瓷碎片。

石雕人像可能为墓主人的生前形象。从其衣冠服饰风格来看，与北宋时期的人物形象颇为相似。墓葬位于太仆寺旗的最南端，也是锡林郭勒地区的最南端，在辽宋时期属契丹领地。由于契丹人采取了"因俗而制"，即契丹人治契丹，汉人治汉的南北面官制度。由此，初步推测该石人应是辽代的"南面官"形象，墓主人也可能是辽代的汉人官员。该墓为辽代墓葬研究增添了新资料。

重光墓及石雕人像

‖31‖ 西乌珠穆沁旗额木廷混地墓群

撰稿：苏德那木旺其格
摄影：哈巴尔特

位于西乌珠穆沁旗巴彦花镇温都尔嘎查西南5公里，西南距旗政府所在地巴拉嘎尔高勒镇20公里。

额木廷混地墓群位于一片东西向条带状分布的沙地腹地，共发现三座单体墓葬。每个墓葬地表有明显的石圈及记石，记石距墓石圈处1米，地表土层向下1米为墓顶，墓顶正中用石板覆盖，石板已被翻乱。其下为墓室，系用石片垒砌成穹窿形墓穴，墓室高2米，底部直径4米。

经清理发现该三座古墓早年已被盗掘，墓室内肢骨凌乱。只有其中一座墓葬出土了少量陶片以及瓷器等，瓷器包括白瓷碗1件、双系瓷壶1件、白瓷盘1件。由墓葬形制和出土随葬品的风格，可初步推测该墓群的年代为该辽中晚期。

出土的瓷盘及瓷壶

墓群现场清理

▕▎32▕▎锡林浩特市马蹄山墓群

撰稿：萨仁图雅
摄影：乌兰

马蹄山（又称乌德海尔罕）墓群位于锡林浩特市白银库伦牧场巴彦查干分场马蹄山山口内，西北距锡林浩特市65公里。

墓葬所在地为锡林浩特市南部典型的熔岩台地地貌，整个台地上分布有众多锥形死火山丘，锥体比高50～60米，久经剥蚀，山顶平齐，边缘多呈马蹄形或者方形。山体周围分布大小不等、疏密相间的玄武岩石块。马蹄山是该地区形制最为规则、体型最大的一处死火山，其山口朝向东南，具有较好的风水堪舆位置。火山口中心地带地形相对平坦，其间发现两座墓葬被盗，另有盗洞十余处。被盗的两座墓葬规格较高，为圆形石堆墓，直径约10米，中心处被盗扰，盗坑不规则，最深约0.8米。根据遗落地表的陶瓷片情况来看，可初步推测马蹄山墓群的年代为辽代中晚期。

被盗墓

被盗墓

墓群远景

‖33‖ 锡林浩特市朝克乌拉山墓群

撰稿：萨仁图雅

摄影：乌兰　杨建甫　程鹏飞　都古尔苏荣

位于锡林浩特市朝克乌拉苏木查干淖尔嘎查境内，南距锡林浩特市65公里。

朝克乌拉山墓群的墓葬分布于朝克乌拉山西南缘至东北缘的山沟及山脊向阳处。墓群所在地东南方向地势开阔，约8公里处为查干淖尔湖，具有三面环山、前景开阔、瞭望山河的墓葬选址特点。

墓群由大小规格不等的191处单体石堆、石圈墓葬组成，总占地面积达六百余万平方米。墓葬形制为方形、圆形、半圆形及长方形石堆或石圈，石堆大多高出地表0.5～0.8米。根据墓群内墓葬石堆规模大小，大致可以分为三个等级：直径8米以上、直径5米左右、直径3米以

出土的白釉瓷鸡冠壶

墓群

墓群

下。该墓群的年代跨度较大，根据墓葬的不同形制，可初步推测墓葬的年代集中在辽金元时期。

朝克乌拉山墓群为第三次全国文物普查时发现，为锡林郭勒地区古代游牧文化、族别类型、文化谱系等研究提供了新材料，具有重要的历史、考古价值。

单体墓葬

单体墓葬

‖34‖ 多伦县砧子山墓群 —————

撰稿：程鹏飞

摄影：魏坚　杨林　崔晓华

全国重点文物保护单位。

位于多伦县蔡木山乡砧子山村一组西北800米山坡上，东南距县政府所在地多伦诺尔镇20公里，西北距离正蓝旗元上都遗址7公里。砧子山是元上都东南丘陵中最高的一座山峰，这座山峰顶端略平，上半部陡直，下半部为缓坡，远望形似锻铁用的砧子，故名砧子山。砧子山墓群依托

墓群局部

墓葬排列情况

主峰，在四面山麓一带墓葬相连成群，在约5平方公里的范围内，地表可看出的墓茔约有500座之多。

1990年8～9月，内蒙古自治区文物考古研究所清理发掘了砬子山南区墓地，这次清理发掘墓茔44座，无茔墙石堆墓5座，共计墓葬96座；1998～2000年，又连续三年对砬子山西区墓地开展工作，清理发掘了墓茔48座，共计墓葬102座。1997年10月，中国历史博物馆遥感与航空考古中心与内蒙古自治区文物考古研究所合作，对砬子山墓群进行了全方位的航空考古摄影。

砬子山南区墓葬一般都有石砌茔墙，用不规则的石块或石片垒砌而成，石料都是就地取材，从砬子山半山腰以上裸露的岩石上开采的。石茔墙边长在20米以上的，墓葬规模较大，边长在10～20米之间的为中型墓茔，边长度在10米以下的为小型墓。墓茔内埋葬死者的葬穴数量不一，已发现最多的为六穴，最少的仅有一穴。墓穴结构一般为方形或长方形浅穴，在原地表以下1米左右。埋葬死者的方式，有埋葬骨灰和尸体两种。埋葬骨灰的，主要使用木匣盛放，多为松木，少数用柏木。大木匣长宽各1米，用板材较厚；小木匣

墓地

东坡墓地航拍图〔西-东〕

砧子山墓葬出土的随葬品

砧子山墓葬

长0.55、宽0.4米，用板材较薄，均用铁钉钉成。其次使用陶、瓷质地的罐、盆等盛放骨灰。少数葬穴是用砖头砌成小盒状，随葬物品盛放在砖砌小盒内。出土随葬品包括灰陶盆、灰陶罐、茶釉瓶、黑釉梅瓶、绿釉盖罐、釉陶香炉、粗白瓷钵、白釉铁锈花罐、影青瓷器、青瓷器、铜盆、铜镜、铜钱、金银器装饰品、杂器、铭刻等。

砧子山西区墓葬中有84座墓葬分属48座墓茔，另有18座墓葬地表无墓茔。墓茔结构大致可以分为单墓茔、多进式墓茔和双重式墓茔等几种形式，极个别墓茔为刀把形结构。茔墙墙体均为自然石块垒砌，较为规整，其间不坐泥浆。墓葬以土坑竖穴墓为主，其次有砖室墓，还有砖石混砌墓、石砌墓和石板木椁墓。所有墓葬中，葬尸者略多，骨灰墓略少，在发掘出土的人骨当中有五例个体含有欧罗巴人种的成分。发掘出土随葬品以钱币数量最多，有1657枚，多散布于墓底、棺（骨灰盒）底部，少量出于填土中。

砧子山南区墓地与砧子山西区墓地同属于砧子山墓群，在文化面貌和具体特征方面略有不同。南区墓地各墓茔较之西区墓地的墓茔规模略小，多无葬具，骨灰葬居多。西区墓地不见南区墓地出土的大型石牌坊、石碑和买地券等，但却出土有大型的对扣莲花石基座、仿木结构的石屋顶和阶梯等。

砧子山墓群的墓葬结构尽管复杂多样，但是墓地出土随葬品均为元代的常见之物。所出瓷器均属元代较为典型之器物。从墓地出土的碑刻、砖铭上，有"大德十年"、"延祐七年"、"泰定二年"、"至正"等年号，以及各墓中出土的钱币下限亦为"大德通宝"、"大元通宝"等。由此看来，墓地的年代应当基本贯穿了元朝一代。它随着元上都的兴起而建立，也随着元上都的毁灭而废弃。从葬俗和随葬品来看，砧子山墓群带有明显的中原汉族家族特征。墓茔的功能和作用体现在：首先，墓群各墓茔是元上都死者生前宅院的象征。其次，墓茔反映了家族和家庭纽带的存在。再次，墓茔是保护墓葬和茔内地面建筑的围墙。这批墓葬为研究元上都地区的政治、经济、文化提供了翔实宝贵的资料。

砧子山墓葬出土的影青瓷勺

蓝釉陶香炉

绿釉陶香炉

影青瓷香炉

酱釉瓷罐

黑釉瓷梅瓶

黑釉四系小口瓶

黑釉敛口瓷罐

茶釉瓷梅瓶

酱釉小口瓷瓶

‖35‖ 正蓝旗一棵树墓地

撰稿：刘洪元
摄影：李言　乌日尼乐图

　　位于正蓝旗上都镇上都音高勒嘎查北3.5公里处的山湾阳坡，东南距元上都7公里。

　　1995～1998年，内蒙古自治区文物考古研究所经过三次清理挖掘工作，共清理墓葬26座，取得了一批有价值的资料。1997年10月，中国历史博物馆遥感与航空摄影考古中心与内蒙古自治区文物

考古研究所合作对一棵树墓地进行了航空考古摄影。

　　一棵树墓地内各墓葬基本分布在两个相邻的缓坡地带，分为两个区，东西相距约1500米。已清理的26座墓葬，均遭到不同程度的早期盗扰。墓地内墓向均为东北或西北向，在325～20°之间。其中西区墓地墓葬分布较为分散，清理的八座墓葬

航拍图

中，有六座带有石砌墓茔墙。东区墓地内各墓葬分布呈东－西向排列，大致可以分为南北两排。各墓葬的东西距离一般约2~8米。墓地内有七座墓茔，均为单墓茔。平面以长方形墓茔为主，共五座，不规则长方形和椭圆形墓茔各一座。另19座墓葬没有墓茔。所有墓葬均为土坑竖穴

墓，平面以长梯形墓为主，共16座；长方形墓次之，共10座。各墓规格悬殊较大，一般长度2~2.5米左右，宽度1米左右，深0.46~2.3米。墓内置有生土二层台的墓葬有两座。

墓地内各墓早期被盗扰十分严重，葬式多不清楚。其中有九座墓葬用羊骨殉牲，除一座墓葬殉牲于墓内西北角外，其余八座墓皆殉牲于墓内东北角。随葬品位置因盗扰多不清楚，墓葬出土随葬品普遍较少，共出土182件，有八座墓无任何随

铜镜

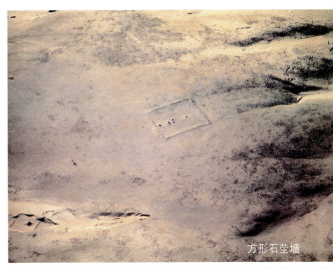

方形石茔墙

积石

积石

棺木内出土的铁剑（局部）

铜管状器

银壶

铁马镫

铁熨斗

葬品。有随葬品的墓亦多寡不一，一般在5~8件左右，最多的墓葬随葬品有61件，少的墓仅一件。随葬品中以钱币为主，共计77枚，主要葬于墓坑底部或木棺内底部。铁器次之，共计23件，主要有剑、辖、马镫、镞、环等，马镫多随葬于木棺近脚部。此外，还有少量的铜镜、桦树皮器、金耳饰、银器、骨器、铜饰件、珠饰和少量的毛毡、丝织品。有的墓内同时出土少量铁棺箍、棺钉等。

一棵树墓地的墓葬形制和出土随葬品反映出较为明显的年代特征。墓地内以自然石块围砌墓茔在元上都附近墓地中常见，如元上都东南的砧子山墓地和西北的卧牛石墓地均发现有一定数量的墓茔。其墓葬结构也是元上都附近墓地所常见的。在墓底或棺底散布钱币的葬俗在砧子山墓地、四子王旗元代净州路附近墓地均有发现。木棺外侧用铁箍和铁护角加固的方法亦常见于砧子山墓地。墓地内所出随葬品均是元代墓葬中的常见之物。如黑釉瓷罐，在四子王旗元代净州路附近墓地有同类器物出土；铁马镫、铁剪，在砧子山南区和西区墓地出土有与其形制相同的器物。铜镜、金耳饰及银器也是元代常见之物。此外，一棵树墓地出土有极具武备特色的铁马镫、铁镞、银壶、银牌饰等且有

殉葬羊骨的游牧民族习俗。因此，一棵树墓地很可能是元代生活在元上都周围的蒙古人的墓地。

撰稿：刘洪元　程鹏飞
摄影：丁勇　沈伟

全国重点文物保护单位。

位于苏尼特左旗巴彦淖尔镇达布希勒图嘎查恩格尔河庙西北10公里处，西北距旗政府所在地满都拉图镇110公里。

恩格尔河墓葬坐落于恩格尔河西岸阶地上，周边沙丘地貌。墓葬形制或为竖穴土坑木棺墓，墓顶无封土，木棺已腐朽，但当时能看出木棺用整木制作，棺外箍金带箍一道。木棺里出土一具人骨架，现仅存头骨，经观测推断，可能是一中年女

恩格尔河墓葬周边环境

高浮雕动物纹鎏金银盘

织物

性。该墓葬出土随葬品包括金器、银器、玻璃器、丝织品等。其中多为金银器，包括龙凤纹镂雕金马鞍饰1套8件、花卉纹马具饰1套15件、十字架金箔饰件1件、方形金饰片4件、丫形金饰片3件、金带箍1件、高足金杯1件、虎首纹金手镯1副、镶松石金耳饰2件、掐丝嵌宝石金花饰6件、金饰片11件、金珠饰1件、金贝饰5件；银贝饰5件、提吊鎏金花卉纹银钵1件、高浮雕动物纹鎏金银瓶1件、提吊银钵1件、长柄银勺1件。此外还有玻璃器、珍珠、琥珀坠饰、石质饰件、丝织长袍等。出土随葬品多为马具、生活用具和装饰具。恩格尔河墓葬正处于阴山以北锡林郭勒草原腹

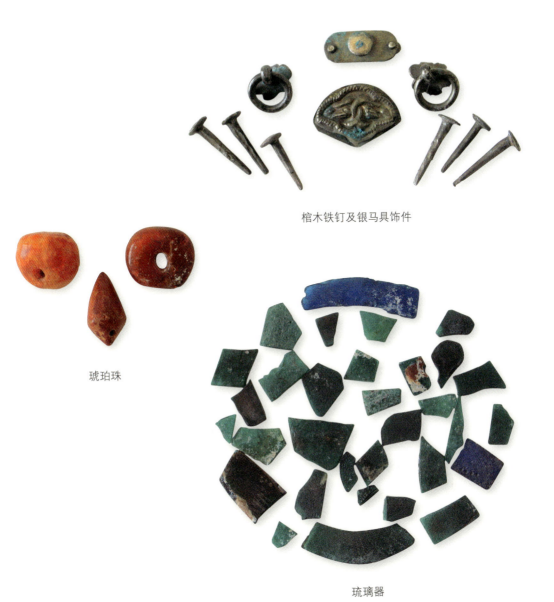

棺木铁钉及银马具饰件

琥珀珠

琉璃器

地，从地望上来看应该与金元之际生活在这一带的汪古部有关联。该墓葬中出土的金带箍有可能是蒙元时期独木棺"黄金为圈"的实物资料，也反映了墓主人的显赫身份。另外，该墓葬还出土了一件个体较大的十字架形金饰片，似乎表明墓主人信仰景教。

恩格尔河墓葬，是近年来发现文物遗存较多的一座蒙元时期墓葬，虽然经过人为盗扰，但是这批珍贵文物仍然能够勾勒出当时的政治、经济、宗教、丧葬等文化面貌、习俗。该墓葬的发现，对研究汪古部的分布也有一定的参考价值。

双龙纹镂雕金鞍桥

龙纹镂雕金鞍饰

龙纹镂雕金鞍翅

龙纹镂雕金鞍翅

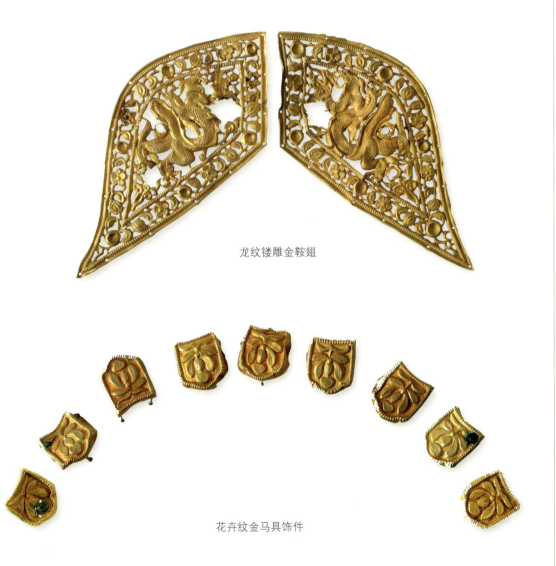

花卉纹金马具饰件

金箔十字架

方形金箔片饰

镶松石金耳饰

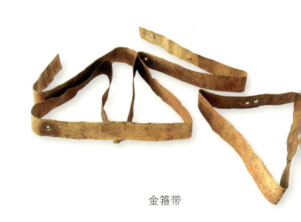

金箍带

錾虎头纹金镯

金贝饰

高足金杯

金掐丝花饰

金掐丝镶宝石花饰

提吊鎏金花卉纹银钵

‖37‖镶黄旗乌兰沟墓葬

撰稿：朝宝力高　程鹏飞
摄影：新巴雅尔

内蒙古自治区重点文物保护单位。

位于镶黄旗宝格达音高勒苏木呼都勒乌苏嘎查浩特哈沙图南约1公里的乌兰沟。

乌兰沟元代墓葬的丧葬形制不明，出土了一具比较完整的人骨骨架，经体质人类学测定，墓主人为17～19岁的年轻女性。出土随葬品较丰富，包括金马鞍1套6件（前桥1件，后桥1件，前鞍翅2件，后鞍翅2件），高足金杯1件，金手镯2件，金耳坠1件，铜镜1件，银马鞍具残件3件，黑釉长瓶1件，木梳1件，桦皮碎片6块等以及丝织品及棺木残件等。

金马鞍总计重量435.7克，前桥重193.2克，为马鞍前桥的正面包饰。鞍桥周边向内弯曲1厘米，缘边分布着28个钉眼。饰件通高20.8厘米，最宽处23厘米，通体用锤鍱法锤满了纹饰，主体图案为八曲海棠形框内半浮雕卧鹿纹。大角卧鹿体态丰满，神态安详。卧鹿前后间以花草纹，海棠形框之外饰缠枝牡丹花纹，饰件下部以双连弧纹为框，内饰忍冬纹。饰件的边为四圈栉齿纹间以莲瓣纹和草叶纹。金马鞍后桥重31.6克，为马鞍后桥的背面包饰。周边向内弯曲1厘米，缘边

分布着九个钉眼，同前桥饰件一样，是钉在马鞍后桥上的。通高11厘米，最宽处16厘米，主体图案为锤鍱的忍冬纹，边框为两圈栉齿纹，下部另饰一道莲瓣纹和一道栉齿纹。前鞍翅两件形制相同，重量共为155.7克。形状为马鞍的两个前翅，两个前翅的周边共有38个钉眼，鞍翅长32.7厘米，宽10.6厘米，鞍翅仍为锤鍱的半浮雕图案，主体为缠枝牡丹纹，边框为四圈栉齿纹，间以莲瓣纹和草叶纹。后鞍翅两件，形制相同，重量共为55.2克，其中一件已残。形状为马鞍的两个后翅，两个鞍翅的周边留有12个钉眼和三个银钉。饰件长19厘米，宽6.7厘米；另一件长16.7厘米，宽6.7厘米。纹饰为锤鍱的两圈栉齿纹，间以莲瓣纹为框，中间为卷草纹。这组金马鞍饰件纹饰精美、华丽，工艺精湛，六片饰件基本可以复原马鞍的原貌。

周边环境景观

墓地墓葬地表积石

墓葬群

复原后的马鞍

墓葬

该墓葬出土的桦皮碎片成弧形，内侧附一层薄绢，又有清晰的针眼，很可能是墓主人下葬时戴的"顾姑冠"。关于蒙古族妇女佩戴的"顾姑冠"，在史书中都有记载。《长春真人西游记》中曰："妇人冠以桦皮，高二尺许，往往以皂褐笼之，富者以红绡，其末如鹅鸭，名曰故故，大忌人触，出入庐帐须低回。"在《蒙鞑备录》中载："凡诸酋之妻，则有顾姑冠，用铁丝结成，形如竹夫人，长三尺许，用红青锦绣或珠金饰之，其上又有杖一枝，用红青绒饰。"《黑鞑事略》中记："故姑之冠用画（桦）木为骨，包以红绢金帛，顶之上用四直尺长柳杖或铁打成杖，包以青毡，其向上人则用"。以上几段记载中的"故故"、"顾姑"、"故姑"均属音译，但共同点就是这种冠只有贵族妇女才能戴，是一种身份地位的象征。

乌兰沟元代墓葬出土的珍贵文物现已全部收藏于内蒙古博物院，为研究蒙元时期蒙古族贵族的生活、丧葬习俗等提供了珍贵的资料。

‖38‖ 东乌珠穆沁旗哈力雅尔墓葬

撰稿：苏德那木旺其格　程鹏飞
摄影：乌云都力呼尔

位于东乌珠穆沁旗乌里雅斯太镇阿木古楞嘎查境内的一座"簸箕型"山谷中，周围为起伏平缓的浅山丘陵区，自然环境属典型草原景观，墓葬西南1.5公里处有东音河，东南距东乌珠穆沁旗旗政府所在地乌里雅斯太镇约30公里。

哈力雅尔墓葬为竖穴土坑墓，平面近椭圆形，墓口用自然石块砌成一周不规则的椭圆形石圈，石块为就地取材。经清理，墓葬填土主要为黄沙土，内含有白色沙粒和小石子。该墓未发现葬具，从墓葬底部填土颜色和成分来看，可能有木棺，现已腐朽。该墓为单人葬，墓内人骨也被扰乱，仅发现颅骨和部分肢骨，颅骨上发现有桦木皮痕迹。根据未被破坏部分推测，墓向为235°，葬式为仰身直肢。墓

周边环境

圹底部平面为头端较窄、脚端略宽，最长为2.4米，宽为0.8米，最深处1.4米。

清理出的遗物主要有银鎏金马鞍具、铜镜、木梳、装饰品以及纺织品等。其中，鎏金银马鞍具与锡林郭勒盟镶黄旗乌兰沟墓葬和苏尼特左旗恩格尔河墓葬的银鎏金马鞍具有某些共同特点。从墓葬形制、马鞍形制以及龙纹风格来看，哈力雅尔墓葬的年代应为蒙元时期。哈力雅尔墓葬的金马鞍，是继乌兰沟墓葬和恩格尔河墓葬出土金马鞍后的又一次重大发现。所不同的是，乌兰沟墓葬和恩格尔河墓葬出土的金马鞍饰均用纯金制作，而哈力雅尔墓葬出土的金马鞍则为银鎏金。恩格尔河墓葬所出的金马鞍也有双龙纹，龙纹为镂雕，风格与哈力雅尔墓葬金马鞍的龙纹相似，但是前者的边缘纹饰不见任何莲瓣纹装饰，配合金箔十字架等随葬品可以确认

周边环境

银鎏金马具饰件

为墓主人与景教信仰有关。从哈力雅尔墓出土的铜镜、木梳、耳坠等随葬品的风格来看，墓主人可能是一位女性。在清理过程中在墓主人的颅骨上发现了桦木皮的残片，推测极有可能是蒙古妇女"顾姑冠"的遗迹。而戴"顾姑冠"的习俗是蒙元时期蒙古贵族妇女头饰的特有风尚。

哈力雅尔墓葬墓主人的骨骼虽被盗掘活动扰乱，但是保存完整的颅骨和部分肢骨对于研究蒙元时期蒙古贵族的体质人类学等课题具有重要的学术意义和历史价值。

带柄铜镜

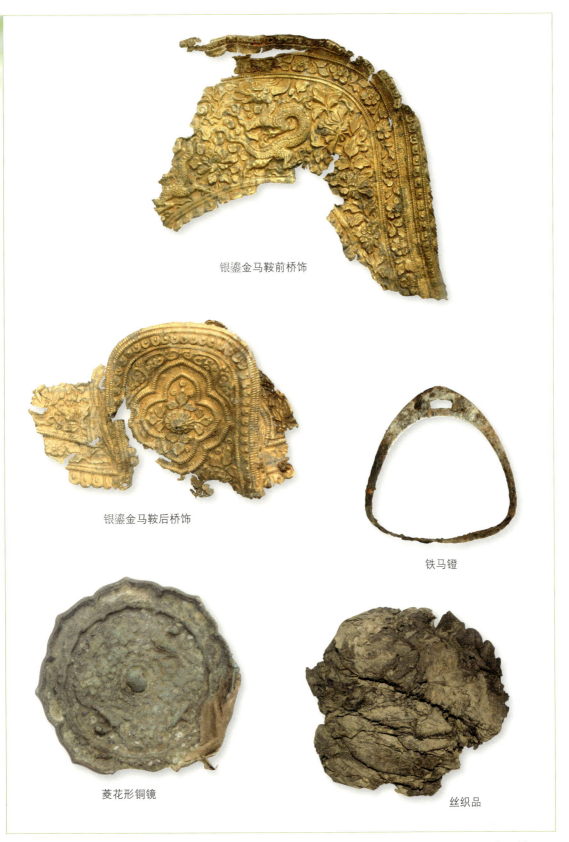

银鎏金马鞍前桥饰

银鎏金马鞍后桥饰

铁马镫

菱花形铜镜

丝织品

‖39‖ 多伦县王子坟墓葬

撰稿：朝包力高
摄影：崔晓华

王子坟全景

多伦县重点文物保护单位。

位于多伦县大河口黄羊沟村西南2公里处，西北距县政府所在地多伦诺尔镇26公里。

王子坟墓葬坐落在一座小山的阳坡山脊上，因墓地周边曾摆放有石人、石马等石像生，当地民间传说这里曾葬有辽代的王子，故俗称该墓葬为"王子坟"。近年来该墓葬被多次盗掘，周围遍布盗坑。现墓葬周围仍摆放有石像生，有人物（文官）、动物（无法辨认种属）、全鞍石马、龟趺等，大多数石像生已被严重损毁，难以辨别外貌。保存最为完好的当属一尊备鞍石马，石马为花岗岩圆雕，马头已失，马鞍上纹饰清晰可见。墓葬附近地表采集到钧窑瓷片、影青瓷瓷片数枚。根据马鞍上的卷草纹风格以及现场采集的瓷片标本，可初步推断该墓葬的年代应为元代。墓葬石像生被毁或与元末的农民起义有关。

石马

‖40‖ 镶黄旗前朝尔图墓葬群

撰稿：朝包力高

摄影：尼玛敖斯尔

方形石圈墓

位于镶黄旗新宝拉格镇胡图勒乌苏嘎查前朝尔图浩特东北500米处，东北距旗政府所在地新宝拉格镇11公里，为第三次全国文物普查时发现。

前朝尔图墓葬群坐落在一口袋形山谷中，东、北、西三面环山，谷中有一条北－南的大冲沟，南面为谷口。墓葬位于冲沟东西两侧的向阳缓坡上，分布较分散，共发现单体墓葬11座。墓葬的地表形制多样，有圆形、方形的石圈墓，也有圆形石堆墓。墓葬大小不一，最大的圆形石圈墓的地表直径为3.5米，而最小者直径为1.2米。最大的方形石圈墓平面近正方形，边长约为4米。石堆墓的直径均为2米左右。墓葬周边未发现任何遗物，沟内采集到少量的辽金元时期陶片。

东区墓葬

石堆墓

‖41‖ 东乌珠穆沁旗乌日图沟墓葬群

撰稿：苏德那木旺其格
摄影：乌云都力呼尔

东乌珠穆沁旗重点文物保护单位。

乌日图沟墓葬群位于东乌珠穆沁旗满都胡宝拉格镇额仁高毕嘎查乌日图沟东侧，西南距旗政府所在地乌里雅斯太镇约136公里，北距中国与蒙古国边境约8公里。为第三次全国文物普查时发现。

乌日图沟墓葬群共发现33座石堆墓，总占地总面积约为2700平方米。墓葬均用卵圆形石块垒砌而成，平面一般呈圆形或椭圆形。墓葬大小不等，最大者直径约6米，小者直径约3米。墓葬石堆平均高出地表近0.5米。这批墓葬整体保存较好，仅两座墓葬有被盗迹象，盗坑较浅，深约0.2米。墓葬附近地表未发现任何遗物。根据墓葬的地表形制，初步推断该墓群的年代或为蒙元时期。

乌日图沟墓葬群全景

单体墓葬3

单体墓葬1

单体墓葬2

明清时期

　　明王朝推翻了元王朝的统治后，蒙古部落分化，退居漠北，锡林郭勒北部地区被瓦剌和鞑靼部所占据。永乐年间，将上都改称开平前屯卫，应昌、桓州等降为驿站，锡林郭勒南部为京师顺天府北境，设置开平卫。因北元瓦剌和鞑靼部的多次侵扰，明成祖朱棣曾五次御驾北征。苏尼特左旗境内的玄石坡、立马峰石刻遗迹就是永乐八年（1410年）第一次亲征时遗留的记功勒铭，与朱棣北征相关的还有在锡林浩特地区发现的数件永乐七年的铜火铳。此外，乌珠穆沁旗地区还发现了与明万历朝时对抗的劲敌——北元酋长翁衮都喇尔的墓葬。

　　1616年女真首领努尔哈赤立国称后金，察哈尔部率先归顺。清朝建立后，为了怀柔蒙古，国策之一是在草原地区大力推行黄教，广建寺院。康熙帝借平定蒙古噶尔丹部落的反叛，在多伦诺尔召见外蒙古三部、内蒙古四十八旗王公贵族会盟，为纪念这次会盟，兴建汇宗寺，将其打造成为塞外黄教中心。嗣后，雍正帝效祖宗之法建立了善因寺。因清朝皇家的大力扶持，使得多伦诺尔宗教地位隆崇，成为塞外著名集镇，带动整个锡林郭勒草原上的庙宇也如雨后春笋般建立起来。贝子庙、喇嘛库伦庙、杨都庙等即为其中之一。第三次全国文物普查调查登记的锡林郭勒明清时期不可移动文物点总数达390处，其中，清代的黄教寺庙与庙址的数量就多达三百余处。

　　有清一代，是锡林郭勒地区历史发展的又一次重要时期，这一时期，蒙古部落会盟编旗，固定领地，基本奠定了今日的地理人文格局。

▎42▎ 苏尼特左旗玄石坡、立马峰石刻

撰稿：程鹏飞
摄影：沈伟　程鹏飞

内蒙古自治区重点文物保护单位。

位于苏尼特左旗满都拉图镇巴彦杭盖嘎查郭达霍布尔奶牛场西北3公里处，西距旗政府所在地满都拉图镇20公里。

玄石坡、立马峰遗址石刻为明成祖朱棣于永乐八年（1410年）北征蒙古鞑靼部行军途中勒铭所留。在石峰中心处有一块长4.5米、高4米的卧牛型花岗石，上刻有"玄石坡"三字。距"玄石坡"西约4.5米的石峰上也刻有"御制玄石坡铭　唯日月明　唯天地寿　玄石勒铭与之悠久　永乐八年四月初七日"的铭文。距此石往北9米处还有一块长3.8、高1.9米的花岗岩，上刻有"立马峰"三字，石后的花岗岩上现有四个直径15厘米的马蹄印，传为朱棣铁骑所踏之蹄印。"玄石坡"东侧12米处有一块巨石，迎西北方向刻纪铭三竖行，内容为"维永乐八年岁次庚寅四月丁酉朔七日癸卯　大明皇帝征讨胡寇将六军过此"。

玄石坡、立马峰全景

玄石坡石刻

立马峰石刻

明永乐年间，成祖朱棣共有五次亲征蒙古鞑靼、瓦剌等部落，行军路线均途径锡林郭勒地区。永乐八年二月，成祖"自将五十万众出塞"北征鞑靼。进军的路线是从今河北张家口一带北上锡林郭勒地区，四月初七到达今锡林郭勒盟苏尼特左旗昌图锡勒苏木西北约3公里处时，发现这里有很多卧牛石，为了颂扬自己

的武功，他令随行文官胡光大在一块卧牛石上刻勒"玄石坡"、"立马峰"并勒铭记功。扈从御用文人金幼孜在《北征录》里面较为详细地对此事进行了记录："初七日……午次玄石坡，见山桃花数蘂盛开草莽中，忽睹此，亦甚奇特。上登山顶，制铭，书岁月纪行，刻于石。命光大书之，并书'玄石坡'、'立马峰'六大字，刻于石。

时无大笔，用小羊毫笔钩上，石勒成，甚壮伟可观……"，上述记载与铭刻文字可相互印证。在玄石坡刻铭盘桓后，朱棣帅兵锋经锡林郭勒一带迤逦北指本雅失里所在的漠北地区。苏尼特左旗境内的玄石坡、立马峰石刻等历史遗迹，为研究明代初期的明蒙关系、明军北征线路、边疆史地等课题均提供了重要资料。

朱棣铁骑蹄印

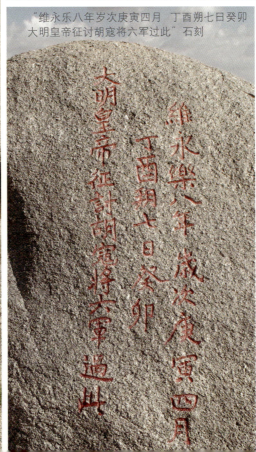

"维永乐八年岁次庚寅四月　丁酉朔七日癸卯大明皇帝征讨胡寇将六军过此"石刻

▥43▥ 多伦县汇宗寺

撰稿：乌兰
摄影：吴克林　崔晓华

汇宗寺全景

汇宗寺山门

全国重点文物保护单位。

位于多伦县城之北，坐北朝南，总占地面积276亩。汇宗寺以北山为靠，北山最高海拔1262.2米，该庙的"经楼"就建于这一地带。这里是俯瞰多伦县城的一处至高点。汇宗寺择址于此建造，充分利用了这一北高南低的地形特征因势而布。

汇宗寺是内蒙古地区喇嘛教格鲁派寺庙，始建于康熙三十年（1691年），当地俗称"东大仓"。从寺庙的敕建，到佛供布置，甚至选派喇嘛和住持，都是由当朝皇帝亲自操持。庙宇在咸丰六年（1856年）遭火灾，现在的建筑是咸丰十一年（1861年）重建的。

康熙二十九年，准噶尔部的噶尔丹出兵进犯东蒙古，康熙帝应喀尔喀蒙古的请求出兵援助，在乌兰布通地区打败噶尔丹军队，促使噶尔丹立下誓约，不再侵犯喀尔喀。为回报这一恩德，喀尔喀的土谢图汗和一世哲布尊丹巴呼图克图以及喀尔喀七旗的汗、济农、诺颜、台吉等，率部众数十万归顺清朝，所属各部愿为清朝出兵列战。因此，康熙帝于康熙三十年四月，幸驾多伦诺尔，赐盛宴召见在此地等候的蒙古各部首领，赠予厚赏，把丁众编成佐领，册封蒙古首领清朝官爵。在盛大的宴会上，喀尔喀各首领向皇帝请求，在此地建造喇嘛庙，以此来永久纪念这次盛宴。康熙皇帝高兴地接受了此项建议，并发诏书国库拨款帮助建造。康熙五十一年庙宇临近装饰时，康熙帝敕额"汇宗寺"、

敕额"声闻届远"。康熙五十三年五月，在这个寺中树立了刻有蒙汉两种文字的石碑。碑文如下："我国家承天顺人，统一寰宇，薄海内外，悉宾悉臣。自太祖、太宗握驱秉枢轴，驾驭风云，蒙古诸部，相继效顺。即于朕躬，克受厥成。前所未格，罔不思服，唯喀尔喀，分部最多，而又强盛。朕绥德辑威，熏陶渐革。二十余载，七家之众，既震且豫，咸来受吏。乃除其顽梗，扶其良弱，锡之封爵，界以土疆。朕亲北巡，以震扶之。于康熙庚午之秋，大宴赉于多伦诺尔。四十八家名王君长，世官贵族靡不毕集。拜觞起舞，稽首踊跃。盖至是而要荒混同，中外一家矣。脯殇既毕，合辞请曰：斯地川原平衍，水泉清溢，去天闲，刍牧之场甚近。而诸部在瀚海龙堆之东西北者，道里至此，亦适相中，而今日之筵赏敷锡，合万国以事一

会盟杯

汇宗寺大殿

人，又从古所无也。愿建寺以彰盛典。朕为之立庙一区，令各部落居一僧以住持。朕或间岁一巡，诸部长于此会同述职焉。至于今又二十余年矣。殿宇廊庑，钟台楼阁，日就新整。而居民鳞比，屋庐望接，俨然一大都会也。先是寺未有额，兹特允寺僧之请，赐名曰'汇宗'。盖四十八家，家各一僧，佛法无二，同之一宗。而会其有极。诸蒙古恪守侯度。奔走来同。犹江汉朝宗于海，其亦有宗之义也，夫是为之记。以垂永久云，康熙五十三年五月初一日。"

汇宗寺建筑规划整齐严谨，气势宏伟。有跳舞场、大山门、天王殿、钟鼓楼正大殿（上下层）、东西配殿、官仓、佛仓、当子房等重要建筑。章嘉仓主大殿为全寺核心，其建筑面阔七间，进深五间十一檩，重檐歇山楼阁式。一层建筑面积561平方米，二层建筑面积255平方米。东西配殿，在正殿前东西两侧，各为面阔五间进深三间，梁架为七檩前出廊式，硬山后封檐灰布瓦，无斗拱大木式做法，墙体、台基砌筑皆为顺砖，建筑面积248平方米。东西厢房，在东西配殿两侧，各为面阔三间，进深三间，五檩前出廊式，后封檐硬山灰布瓦式做法，墙体、台基砌筑皆为顺砖，建筑面积288平方米。天王殿面阔三间，进深三间，梁架为五架梁前后出抱头梁七檩，单檐歇山灰布瓦无斗拱大木式做法，墙体砌筑为三顺一丁做法，台基为条石砌筑，建筑面积146平方米。在天王殿前东西两侧各有耳房，均为面阔两间，进深三间，后封檐墙，硬山灰布瓦小式做法，梁架为前出抱头梁五檩做法，建筑面积168平方米，台基、墙体砌筑为三

汇宗寺喇嘛舞蹈

汇宗寺喇嘛舞蹈

顺一丁做法。山门面阔三间、进深三间，无斗拱，大木式做法，前为棋盘大门，两次间分别设石雕盲窗，后为格扇装修，硬山灰布瓦，建筑面积96平方米，墙体砌筑为三顺一丁做法，台基为条石砌筑。以汇宗寺主殿院为轴心，在其东西两侧共建有十座佛仓，五座官仓，及数十座当子房。各佛仓、官仓建筑皆自成一体，形成不同的单元组合，当子房布于其间，或单独布列。寺内佛教造像造型生动、色彩鲜艳、

章嘉仓活佛主大殿

彩绘线条繁复而流畅，佛教故事构图想象力奇特，画技十分精湛，是清代佛教艺术中的上乘之作。

汇宗寺是以清朝入关定鼎中原、经历平定三藩、征剿准噶尔部噶尔丹叛乱、实现国家统一、北疆局势得以稳定、大漠南北蒙古诸部归附清廷并形成北方民族空前团结的历史为背景，在"多伦诺尔会盟"期间，康熙皇帝应蒙古王公之"愿建寺以彰盛典"的请求，在内蒙古兴建的首座喇嘛教寺庙，也是清廷利用蒙古民族对喇嘛教的信仰，推行"兴黄教以安众蒙古"的策略的历史见证，具有重要的历史价值和研究价值。

1987年，汇宗寺被多伦县公布为县级文物保护单位。1996年，被内蒙古自治区公布为自治区级文物保护单位。2001年6月被国务院公布为全国重点文物保护单位。

‖44‖ 多伦县善因寺

撰稿：乌兰
摄影：吴克林　崔晓华

内蒙古自治区重点文物保护单位。

位于多伦县新城区西北，汇宗寺西南1公里处。蒙古语称"沙拉苏默"意为黄庙，是因主殿庙顶覆以黄色琉璃瓦而得名。因较汇宗寺建造晚，又称新庙，又因寺址居西又称西庙，俗称"西大仓"。

善因寺建造于清雍正五年（1727年），是在汇宗寺建造后的36年才兴建

石额（雍正御笔）

山门

大殿

的。清朝为庆贺内外蒙古及西北地区蒙古全部归附清朝，巩固强化对蒙古的统治，由清廷拨帑金十万两，建造以传教为主的喇嘛庙。雍正九年庙宇即将竣工，雍正帝赐予敕额"善因寺"、匾额"慈云广被"。寺庙仿西藏达赖喇嘛所居的都冈之式建造。善因寺建成后，清雍正帝请二世章嘉呼图克图住持，其后章嘉呼图的呼毕尔汗代代继承住持多伦喇嘛庙，蒙古各旗都派喇嘛僧在此居住，诵经传法，常住的喇嘛僧最多达几千人。

在御制善因寺碑文中详述了善因寺建造的缘由，雍正帝传承了父祖的怀柔政策。碑文为："洪维我皇考圣祖仁皇帝，恩被九有，威加八弘。囊岁厄鲁特噶尔丹跳梁朔漠，扰乱喀尔喀七旗，数十万众，怀德慕义，稽首内附。皇考躬帅六军，远行天讨，驻跸多伦诺尔之地。受喀尔喀诸部君长朝谒，锡之封爵，为我屏。既剪凶渠，荡定朔漠，俯安藩服。允众部所请，爰于斯地，创建汇宗寺。俾大喇嘛章嘉呼图克图居之。章嘉呼图克图，道行高超，证最上果，博通经品，克臻其奥，有大名于西域。诸部蒙古，咸来尊仰。今其后身，秉质灵异，符验显然。且其教法流行，徒众日广。朕特行遣官，发帑金十万两，于汇宗寺之西南里许，复建寺宇。赐额曰：'善因'。俾章嘉呼图克图胡毕尔汗主持兹寺，集会喇嘛，讲习经典，广行妙法。蒙古汗、王、贝勒、公、台吉等，俱同檀越主人，前身后身，敬信无二，自必率其部众，听从悔导，胥登善域。稽古圣王之治天下，因其教不易其俗，使人易知易从，此朕继承先志，护持黄教之意也。况此地为我皇考驻跸之地，灵迹斯存。维兹两寺，当与漠野山川，并乘无极。诸部蒙古台吉属下，永远崇奉，欢喜信爱，熏蒸道化，以享我国家亿万年太平之福。朕深有望焉。雍正九年四月初二日。"

善因寺原建有照壁、跳舞场、大山门、钟鼓二楼、碑亭、天王殿、正大殿、释迦佛殿、东西配殿、官仓、佛仓、雍正行宫（后于乾隆十年赐予章嘉呼图克图）及当子房、白塔等，总占地面积18.4公顷。善因寺山门上方镶嵌着雍正亲书"敕建善因寺"汉白玉额，并赐"慈云广被"匾。乾隆十一年（1746年），乾隆帝赐匾"智源觉路"匾。大殿前两侧碑亭里矗立着雍正皇帝御制善因寺碑。正大殿是整个寺庙的中心建筑，平面基本呈正方形，边长35米，殿高近20米，楼二重，木质结构，每层广纵各九间，积九九八十一间之数。善因寺建有"官仓"五处，"佛仓"三处，其职能与汇宗寺的"官仓"和"佛仓"相同。五处"官仓"分别为大吉瓦仓、图木图仓、农乃仓、桑兑仓、却日仓。三处"佛仓"分别为那木海格根仓、

额木齐格根仓、洞阔尔格根仓。

善因寺建筑群的吻兽、飞檐、斗拱、梁柱、堂壁、雕刻、绘画琳琅满目，厅、殿、楼阁巍严壮观，富丽堂皇，建筑艺术形式独特。既有汉式建筑文化，又融蒙、满、藏建筑风格，是了解研究清代大漠南北社会文化、艺术宗教建筑的珍贵实物资料。

汇宗寺、善因寺为清代康熙、雍正父子两代皇帝所敕建，其地位之尊及其显赫乃属皇庙性质的官式建筑范畴。善因寺在有清一代，保存了大量的宗教文物，珍贵的佛教藏经典籍、精美的佛教塑像、唐卡、壁画和绝伦的陈设，无一不为艺术的精品，俨然堪称艺术的殿堂。具有很高的艺术价值、历史价值和科学价值。

1987年，善因寺被多伦县人民政府公布为县级文物保护单位。2006年，被内蒙古自治区人民政府公布为自治区级文物保护单位。

钟楼

鼓楼

‖45‖ 西乌珠穆沁旗浩勒图庙

撰稿：乌兰
摄影：敖特根巴特尔 哈巴特尔

浩勒图庙又称"施恩寺"，位于西乌珠穆沁旗浩勒图高勒镇白音宝力格居民区所在地，北距西乌珠穆沁旗旗政府所在地巴拉嘎尔高勒镇30公里。

施恩寺前身是乌珠穆沁旗第三代扎萨克王素达尼及其世袭王色登布达时期，在一个叫乌力吉图敖包的地方建造的一个草棚，当时聘请了一名藏传佛教格鲁派喇嘛到草棚诵经。清顺治十三年（1656年），在达青宝力格（现名白音宝力格）始建寺庙，寺庙建成后，由于所在地的地理走向是一个朝东南的水槽形状，因此在蒙语里被称作"浩勒图"，

铁釜

所以该庙称作浩勒图庙。浩勒图庙是乌珠穆沁右翼旗（西乌珠穆沁旗前身）的第一座寺庙，也是当时乌珠穆沁六大寺庙中规模最大的一座。清王朝曾册封第一位葛根阿旺劳布森朋斯克为"法宝班第达明慧堪布呼图克图"法号。

1907年浩勒图庙遭到毁坏，损失惨重。在"文革"期间再次遭到毁坏，仅存拉卜楞殿。现经西乌珠穆沁旗政府投入资金保护修缮，庙宇有所恢复，可分东西两院。其中东院有主殿、偏殿、厢房、四大天王殿，石狮子2座，铁釜1口，石香炉1座；西院有正房、偏房、彩绘藏文照壁等。

厢房

彩绘

石狮子（东）　　　　　石狮子（西）

全景

‖46‖镶黄旗哈音海尔瓦庙

撰稿：赛音吉亚
摄影：哈斯巴特尔　尼玛敖斯尔　朝宝力高

朝克沁大殿（南—北）

喇嘛用具

石狮子（东）

石狮子（西）

内蒙古自治区重点文物保护单位。

位于镶黄旗新宝拉格镇四面井嘎查，南距旗政府所在地新宝拉格镇10公里。现为镶黄旗藏传佛教唯一一处宗教活动场所，也是镶黄旗境内最有影响的大型寺庙。

哈音海尔瓦庙始建于康熙五年（1666年），最初建在河北省尚义县。据记载，该庙为当时一名西藏传教喇嘛所建，名为马王庙。康熙四十八年（1709年），清朝政府赐名为"广益寺"，并赐一尊五十两重的哈音海尔瓦银佛，因此，又被俗称为哈音海尔瓦庙。哈音海尔瓦庙经过乾隆八年（1743年）、乾隆五十六年（1791年）的几次扩建，到18世纪末，已具相当规模。其后，又有两次大规模的扩建，一次是光绪十一年（1885年），将朝克沁殿扩建为81间；另一次是光绪二十五年（1899年），该庙趁西藏活佛吉木彦西都布到北京之机，将其请来讲经，远近僧众万余人前来朝觐、听讲，并大量布施，使得该庙得以再度扩建，扩建后僧众达二千余名。

哈音海尔瓦庙规模最大时期，有五个拉桑（喇嘛教的学都），大小18个殿堂，五个庙仓，喇嘛住宅五百多间。主要殿堂有朝克沁殿、却日殿、栋阔尔殿、曼巴殿、拉希殿等；五个拉桑为卓特巴拉桑、赖玛襄拉桑、栋阔尔拉桑、曼巴桑、却日拉桑；五个庙仓是卓特巴仓、赖玛襄仓、栋阔尔仓、曼巴仓、却日仓。

哈音海尔瓦庙内除藏有七世达赖喇嘛赐给的佛教法规《扎雅格》经，清高宗所赐蒙文《丹珠尔》经，还藏有大小金银佛像、雕刻、刺绣等各种文物及工艺品数千件。五个拉桑中曾进行过天文学、哲学、历法、医学等研究，出现过一些知识渊博的喇嘛。镶黄旗很多知名的喇嘛曼巴（蒙医）均出自哈音海尔瓦庙的曼巴拉桑。

铁釜

香炉

每年的正月经会和六月经会是哈音海尔瓦庙最大的盛典。正月经会从农历正月初七开始，十六日结束。六月经会从农历六月初七开始，十六日结束。六月经会期间要跳查玛舞：十四日开始，十五日请麦达尔（梵语音译，即弥勒佛）出巡，十六日结束。此外，农历七月二十七日至二十九日，朝克沁殿召开玛尼会。八月，召开曼巴会，会后，大喇嘛带领僧众上山采药。

清朝末年和民国初期，因连年战乱，哈音海尔瓦庙多次被洗劫，此后，逐渐

哈音海尔瓦庙远景（西南-东北）

衰落。民国时期，因土地问题于1936年搬迁到今镶黄旗哈音海尔瓦苏木政府所在地。新建的哈音海尔瓦庙规模大为缩减，其中，朝克沁殿由81间缩减为49间。"文革"中，该庙被严重损毁。

2004年，由镶黄旗人民政府投资和当地牧民集资赞助在原址附近按原貌复原新建了朝克沁殿。现庙院里有正殿1座，侧殿2座，钟楼1座，鼓楼1座，石碑6座，塔6座，门楼1座、香炉1尊。寺庙东侧有喇嘛住处、食堂以及商店。该庙现有十几名喇嘛在寺庙居住、念经和举行庙会。

⫼47⫼ 西乌珠穆沁旗浩齐特王盖庙 ——

撰稿：赛音吉亚
摄影：敖特根巴特尔　哈巴特尔

内蒙古自治区重点文物保护单位。

位于西乌珠穆沁旗吉仁高勒镇，东北距旗政府所在地巴拉嘎尔高勒镇42公里。"浩齐特"是蒙古语，意为"古老"。正像它的名字那样，浩齐特王盖庙距今已有三百余年的历史，是乌珠穆沁地区一座重要的藏传佛教寺庙。

据《蒙古游牧记》一书记载，成吉思汗的第十六代孙子图鲁博罗特的儿子博第阿喇克的长子库登所属的部落被称为

山门

大殿

"浩齐特"。浩齐特王盖庙建成于清康熙三十九年（1700年），因为是浩齐特王爷自己的家庙，所以称其为"王盖庙"，清康熙皇帝曾赐名为"福兴寺"。该庙最鼎盛时期，庙僧最多达三百余人。

浩齐特王盖庙坐北朝南，有东西两个院。西院为主院，两进院落，属于典型藏庙建筑风格，平面布局呈长方形，南北长80米，东西宽40米，占地面积3200平方米。西院正中有四大天王殿，西北侧有西厢房，东北侧有复原的东厢房，偏北正中是神变法塔，西院西侧是新建的凉亭，门前有一对石狮子。东院有旧拉布楞小房。此庙宇历经沧桑，据传原有大小七个独宫（藏传佛教中的庙堂被称为独宫），现在仅存"朝克沁独宫"，也就是喇嘛们念佛宣经的"大经堂"。现可看到朝克沁殿正门悬挂的由皇帝亲赐的用满蒙汉藏四种文字镌刻的"福兴寺"牌匾。

在成吉思汗以前，蒙古高原地区占支配地位的是萨满教。萨满教是原始宗教的一支，形成于原始社会后期，之所以称之为萨满教，是因为在通古斯语族中称巫师为"萨满"。成吉思汗统一蒙古诸部后，蒙古地区传入了佛教、道教、伊斯兰教等，成吉思汗对各种宗教采取了兼容并蓄的态度。忽必烈时期继续奉行先朝政策，但已偏重于喇嘛教。1260年，忽必烈封藏传佛教高僧八思巴为"国师"，从此，藏传佛教在元朝上层统治者之间传播，但广大蒙古族牧民仍信仰萨满教。到明万历六年（1578年），蒙古土默特部首领阿拉坦汗（又称俺答汗）与达赖三世（索南嘉措）在青海会面，达赖三世承认阿拉坦汗是忽必烈的化身，阿拉坦汗册封索南嘉措为达赖三世，双方互赠封号，同时，俺答

白塔

汗宣布取缔和禁止萨满教及其杀生等恶俗，改奉藏传佛教格鲁派（黄教），并规定对喇嘛免除兵役、赋税、差役，任何人不得到佛门骚扰。这次法会上，蒙古受戒者多达千人，从此，黄教遍传蒙古，影响深远。清代以来，喇嘛在草原地区是极受敬仰的人物，从上层王公到下层牧民，男子均以出家为荣。因此，寺庙是佛教文化的实际载体和依托，其兴衰与发展是佛教兴衰的缩影。锡林郭勒地区喇嘛庙的各种建筑，样式、大小不一，大多数寺庙，在群体布局上受汉式寺庙的影响较深，在平面布局上有一条严格的中轴线，保持了传统的宫殿、府邸的形式。而藏式建筑从其总体布局来看，基本上以其主要殿堂为中心点，其他建筑则散布四周。浩齐特王盖庙明显就是汉藏合璧的形式。

浩齐特王盖庙曾是浩齐特左旗的旗庙，现已成为西乌珠穆沁旗一处重要人文景观。

1994年，浩齐特王盖庙被西乌珠穆沁旗人民政府公布为旗级文物保护单位。2006年，被内蒙古自治区人民政府公布为自治区级文物保护单位。

48 苏尼特左旗查干敖包庙

撰稿：赛音吉亚
摄影：沈伟 迪日嘎

内蒙古自治区重点文物保护单位。

位于苏尼特左旗查干敖包镇阿日宝拉格嘎查，东南距旗政府所在地满都拉图镇165公里，东距中蒙边境仅10公里。

查干敖包庙始建于康熙五十三年（1714年），由其第一世活佛罗布桑诺尔布主持建成，距今已有300年的历史。乾隆四十二年（1777年），清廷赐名为"福佑寺"。该庙当时在锡林郭勒颇具盛名，为草原名刹之一。现为全旗13个庙宇中保存较好的一座，占地面积三千七百多平方米。

康熙二十七年（1688年），一世活佛罗布桑诺尔布来到苏尼特草原，在东苏旗乌勒敖包山洞讲经论道修行，得名"山洞活佛"。康熙三十三年（1694年），他在

全景

大殿

西配殿

查干敖包苏木所在地满都呼日勒修建一座小庙，叫满都呼诵经庙。康熙四十七年（1708年），一世活佛赴外蒙古库伦（今乌兰巴托）拜会大活佛哲布尊丹巴，表达建庙的意愿。哲布尊丹巴极其赞成，并答应无偿供给木材。第二年，罗布桑诺尔布专程赶赴多伦诺尔、张家口、归绥等地招募工匠，联系运输车辆。康熙五十三年（1714年），主庙大雄宝殿建成。嘉庆十年（1805年），又修建洞阔尔学殿和明干殿。光绪十七年（1891年），扎木扬理格布德扎木素继活佛之位，他就是近代史上扬名草原的查干葛根。

在查干葛根时代，查干敖包庙进入其巅峰时期。1900年，查干葛根主持建造曼巴学殿，12年后开始建拉木林殿，重修诵经寺。1932年5月，班禅额尔德尼由德王陪同，到查干敖包庙讲经，该庙因此名声大振。

查干敖包庙是典型的蒙藏四合院式寺庙建筑群，飞檐斗拱，雕梁画栋，塔碑林立。此庙经五代活佛持续经营，陆续扩展为拥有11座大殿，12座属庙，14个佛仓的黄教大庙，寺院周围有白塔8处。查干敖包庙有四大学部，分别是显宗学部、时轮学部、医理学部和密宗学部，香火极盛时期，僧徒一千余名，四时诵经声不断，四面八方来朝见、施舍的信徒络绎不绝。为传经需要，这里还有专门刻印经文的作坊，并设学校及手工艺作坊等。

东配殿与主殿

查干敖包庙南侧建筑群的房屋和墙体遗址

‖49‖ 正镶白旗宝日陶勒盖庙

撰稿：赛音吉亚
摄影：苏宁

内蒙古自治区重点文物保护单位。

位于正镶白旗伊和淖尔苏木宝日陶勒盖嘎查，西南距旗政府所在地明安图镇42公里。宝日陶勒盖庙坐落在浑善达克沙地南缘，周围景色优美，有沙地、湖泊（淖尔）、草原风光。该庙当时在正镶白旗远近闻名，是当地颇具影响的藏传佛教传播地和经济文化交流的中心。

宝日陶勒盖庙始建于清代康熙五十九年（1720年），迄今已有二百九十余年历史。寺庙建成不久，清乾隆皇帝赐名"修德寺"。该庙历经六代活佛主持修建、保护、经营，并多次大规模扩建和维修，形成拥有三大独立院落，总占地面积1.4平方公里的庙宇建筑群。

三大院落分左、中、右，以红墙为界

大雄宝殿

大雄宝殿与西厢房

大雄宝殿与东厢房

横向排列，建筑面积共计三千一百余平方米。居中的院落为朝克沁殿，占地面积最大，主要建筑以大雄宝殿为主体确立中轴线，纵轴对称，布局合理，构成前后三进院落，设置二楼七大殿堂。一进院前置影壁、山门（即四大天王殿）、倒座、钟楼、鼓楼、大昭殿；二进院设置金刚殿（西厢殿）、天神殿（东厢殿）、大雄宝殿（朝克沁大殿）；三进院为千佛殿（东西厢殿）、法会殿（正大殿）。山门门额上镌刻满蒙汉藏四种文体的长方形匾牌，突显了寺院的庄严。在建筑组群中，大雄宝殿（朝克沁大殿）最为富丽堂皇，其建筑工艺考究、规模庞大，属该庙建筑之首。寺庙四周红墙重叠高耸，宽阔幽深，是宝日陶勒盖庙的典型特征。登临宝日陶勒盖庙后的沙丘顶，向南俯瞰大雄宝殿，如烟雨重楼鹤立、古朴苍劲，气宇轩昂，凸显藏传佛教的无量佛光与寺庙建筑等级的神秘威严至尊。

西院为历代活佛寝宫和喇嘛僧人住房，有房舍76间，东院为庙仓、医院、喇嘛膳食房，有房屋52间。宝日陶勒盖庙共有房舍242间，历史兴盛时期有喇嘛三百八十余人，寺庙终日香火紫绕，钟声不绝。名僧章嘉活佛曾来过此庙，寺中现供奉有章嘉活佛用过的桌椅。

宝日陶勒盖庙历史上曾保存有丰富的佛学经卷、绘画，雕刻艺术及建筑科学技术方面的珍贵资料，是正镶白旗历史文化、民族宗教、科学艺术的见证。该庙在"文革"时期遭到较为严重的毁坏，部分建筑被拆除，内藏经卷及珍贵文物散佚一空，现仅存大雄宝殿和东西厢房。

‖50‖ 正镶白旗布日都庙

撰稿：朝宝力高
摄影：苏宁

内蒙古自治区重点文物保护单位。

位于正镶白旗乌兰察布苏木浩雅尔呼都嘎嘎查，东南距旗政府所在地明安图镇32公里。

布日都庙为正镶白旗所属的名刹之一，始建于清乾隆五年（1740年），至今已有二百七十年余历史。布日都庙建成后，第一代活佛老布生奏请乾隆皇帝为庙赐名，乾隆皇帝御赐其名为"演教寺"。由于该庙位于布日都之地，当地群众俗称之为"布日都庙"。布日都庙经四代活佛努力经营，不断发展，最盛期拥有五座大殿，占地面积九千四百七十余平方米，庙内僧侣达三百余名。

布日都庙原有左、中、右三个南北纵向独立的院落，由大殿、庙仓和佛官三部

大雄宝殿正面

大雄宝殿东侧面

分组成。每座殿院均为前庭后殿布局，院内有重檐楼阁，是典型的汉式风格的古建筑。主庙院为朝克沁殿院，内有大雄宝殿。大雄宝殿占地面积358平方米，为上下两层青砖布纹瓦歇山大木结构建筑，殿基以石块砌成，青砖镶边，门窗栅栏用金漆描绘，门上镶嵌有满蒙汉藏四种文字书写的"演教寺"匾额。殿院山门内有四大天王塑像，山门两边建有钟楼、鼓楼，大殿前面广场树立一对十余米高的苏勒德旗杆。大雄宝殿东有甘珠尔殿、西有丹珠尔殿、北有洞阔尔殿，还有拉卜楞、活佛住宫、僧徒住宅区等。另外，庙东北还有白塔。布日都庙在"文革"期间遭到破坏，部分殿院被拆除，宗教活动被迫停止，喇嘛僧侣被遣散，经卷及庙内的珍贵文物散

大雄宝殿西侧面

失一空。现仅剩大雄宝殿。

2002年，被正镶白旗人民政府公布为旗级文物保护单位。2006年，被内蒙古自治区政府公布为自治区级文物保护单位。

‖51‖ 多伦县兴隆寺

撰稿：乌兰
摄影：崔晓华

全国重点文物保护单位。

位于多伦县旧城中心地带，南边相邻兴隆寺街、东邻前牛市街，当地俗称该寺为"佛殿"。

兴隆寺始建于清雍正十二年（1734年），由京城在多伦的旅蒙商集资兴建，捐资者多数为铜佛像制造工场主。该寺是"隆昌寺"（北京延庆县）和"龙潭寺"（河北省怀来县）之下属寺院，为汉传佛教寺院。寺院建成后，成为多伦城内传播汉文化较早的场所，该建筑对于附近地区的建筑风格影响较大，曾在兴隆寺东侧形成了多伦有名的"北京街"。

兴隆寺坐北朝南，为四合院式布局，砖木结构建筑。现存有歇山式山门三间，山门两侧楼阁式耳房八间，钟楼一座，硬山式配殿三间，总占地面积1740平方米。兴隆寺建筑群落斗拱飞檐，雕梁画栋，色彩艳丽，设计精巧，布局紧凑，对于研究草原地区的汉式建筑艺术具有较高的价值。

1987年，兴隆寺被多伦县人民政府公布为县级文物保护单位。2006年，与山西会馆等清代古建筑群一同被国务院公布为第六批全国重点文物保护单位。

过殿梁柱

山门

全景

‖52‖ 锡林浩特市贝子庙（班迪达葛根庙）

撰稿：乌兰
摄影：乌兰

贝子庙全景

全国重点文物保护单位。

位于锡林浩特市额尔敦陶力盖敖包山东南麓，为内蒙古中西部四大藏传佛教寺庙之一。

贝子庙始建于清代乾隆八年（1743年），先后历经七代活佛进行六次大规模扩建，花费白银一百七十四万余两，建成了占地面积1.2平方公里的宏大建筑组群。该建筑因清代阿巴哈纳尔左翼旗第四代扎萨克（第四代王爷）固山贝子（蒙古贵族爵号）巴拉吉道尔吉（1717～1764年任贝子），与西藏僧人巴拉珠尔伦德布共同主持兴建，因而得名贝子庙。

贝子庙由以朝克沁殿（行政教务部）、却日殿（哲学部）、明干殿（千佛殿）三座庙宇为中心，包括珠都巴殿（密宗学部）、曼巴殿（医学部）、宗喀巴殿、丁克尔殿（天文数学部）、新拉布仁

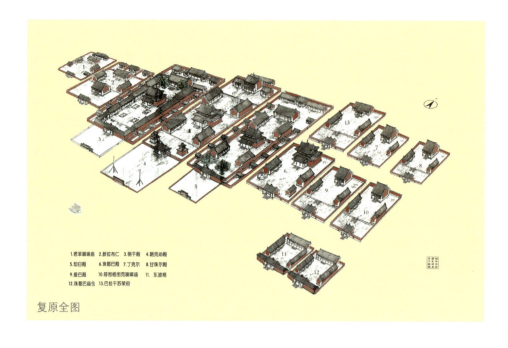

1.老苯喇嘛庙 2.斯拉布仁 3.明干殿 4.朝克沁殿
5.却日殿 6.珠都巴殿 7.丁克尔 8.甘珠尔殿
9.曼巴殿 10.呼图格图克喇嘛庙 11.东波格
12.珠都巴庙仓 13.巴拉干苏荣府

复原全图

殿（活佛府）八座主大殿及呼图格图喇嘛庙、老笨喇嘛庙、甘珠尔庙、农乃庙等十几座小殿庙，以及额尔敦陶力盖祭祀敖包、五座佛塔（四座白塔、一座红塔）和千余间喇嘛住房等外围建筑组成。占地面积1.2平方公里，建筑面积达两万多平方米，是一座汉式构制的大型古建筑群。贝子庙建筑群由13处独立院落组成，各庙自成体系，独立布局，各院间均以南北通道相隔，通道宽统为6米，互为毗邻。所有建筑皆以大殿为中心左右成"一"字东西排列，且均为前卷（抱厦）后殿重檐楼阁歇山式大木结构建筑。其中，以朝克沁殿为贝子庙群组建筑中心，东侧为却日殿，西侧为明干殿，三座大庙构成庙群主体，各庙山门前均有广场及照壁，除通道外，还分置矮墙，使广场形成闭合性空间，成为佛庙广场较为罕见的一种特有形制。各庙院的平面布局，依照汉式传统礼制形

式，中轴线依次布列主要殿堂建筑，两厢严格对称，殿后及左右为辅助建筑。外部装饰均按照藏传佛教传统，置于中轴线上的建筑屋脊布以金刹、经幢、法轮、角瑞等，体现了藏传喇嘛教建筑的特征。

贝子庙一共承传了八世活佛，一世活佛巴拉珠尔伦德布是在1742年，应当时的固山贝子巴拉吉尔道尔吉的邀请，来到阿巴哈纳尔左翼旗讲经弘法，在1743年与固山贝子共同主持兴建了贝子庙的主大殿——朝克沁殿，由于他在草原深处兴建庙宇的功绩受到清廷和达赖喇嘛的赏识，在1747年赐封他为"阿日雅·章龙·班迪达"活佛，成为了贝子庙的第一世活佛，乾隆皇帝还御赐贝子庙为法轮大殿"崇善寺"，并御笔亲书赐有满、蒙、汉、藏四种文字的匾额。朝克沁殿山门前还布列有石狮、旗杆，影壁之后置有跪拜台，以突出此庙等级和地位。

朝克沁殿

朝克沁殿鼓楼

朝克沁殿钟楼

朝克沁殿经堂　　　　　　　　　　　　　朝克沁殿山门

朝克沁殿主殿

经卷

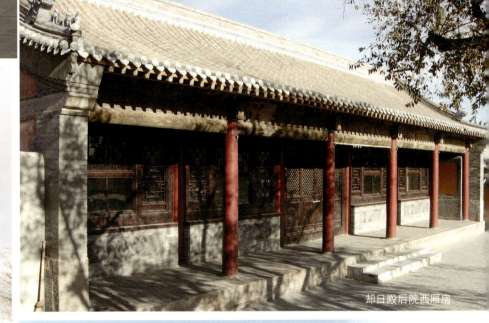

却日殿后院西厢房

却日殿主殿

二世活佛时期，兴建了主殿两侧的却日殿和明干殿，二世活佛是位深通经文、博学多才的僧人，庙内大部分佛像、雕饰、壁画及供器的制作都是他亲自绘制设计的，二世活佛创办了"显教"学部，为贝子庙的建筑和经文奠定了基础。

新时期的贝子庙却日殿查玛法会

明干殿全景

在五世活佛时期，贝子庙达到了极盛阶段，这一时期喇嘛僧众多达一千二百余人，寺庙建筑也有很大的扩充，珠都巴殿和曼巴殿都是在五世活佛时期建造的。

贝子庙建筑群是蒙古族与汉族共同创造并凝聚了蒙汉民族文化的古代建筑瑰宝，曾拥有铸造、雕塑的佛像几千尊，各种绘画錾刻工艺品几万件，收藏各种经卷上千种。各个殿内均绘有精美的佛教壁画和反映蒙古族历史的生产、生活壁画。雄伟富丽的贝子庙建筑，绚丽多彩的民族艺术，都有着极高的历史和艺术价值。建筑艺术上汉、藏艺术风格融为一体，具有深刻的民族文化内涵。历史上曾是内蒙古北部少数民族地区政治、经济、文化、宗教活动的中心。1929年九世班禅曾驾临贝子庙讲经弘法，十三世达赖喇嘛、七世章嘉活佛、宁昌呼图克图都曾经寓居此处。

1993年，锡林浩特市人民政府将其公布为市级文物保护单位，设立保护机构予以重点保护。1996年，贝子庙被内蒙古自治区人民政府公布为区级文物保护单位。2006年，被国务院公布为第六批全国重点文物保护单位。2008年，贝子庙被批准为国家4A级旅游景区。

明干殿西厢房

‖53‖ 东乌珠穆沁旗喇嘛库伦庙

撰稿：乌兰
摄影：乌云都力呼尔

位于东乌珠穆沁旗乌里雅斯太镇巴颜额日和图街北 400 米处。始建于清乾隆四十六年（1781 年），乾隆四十八年（1783年）喇嘛库伦庙第一座经堂"上经花园寺"建成。该庙为原乌珠穆沁右翼旗所属六处寺庙之一，又称"集惠寺"，它也是内蒙古地区著名的三大库伦庙之一。相传该庙创始人罗藏贡措扎西活佛于道劳陶勒盖之地围搭蒙古包坐禅修炼，成为喇嘛库伦庙之前身，"喇嘛库伦庙"名也源于此。其创始人罗藏贡措扎西为安多中川朱家寺活佛木兰占巴丹津达克巴在内蒙古地区转生的第一世活佛，故又称"木兰喇嘛庙"，其活佛称"乌珠穆沁木兰喇嘛活佛"。

喇嘛库伦庙为大召寺传授，有大乘、密宗、医学、阴阳四学部中心寺院（后加上"作明佛母"红教法会，成为五个学部诵经之地）。该庙鼎盛时期，有13个沙卜隆，六位有职位的达喇嘛管理一千五百多名僧徒，下辖四个寺院，三个"和林"（二十家）、25个庙仓，是由五大院、二十多座殿堂庙宇组成的塞外较大的寺院。

喇嘛库伦庙自1781年建寺到新中国成立时近一百七十年以来，出现了许多学

者能人，传播宗教文化，也为发展本地文化、教育、艺术、体育、医药、佛经印刷业等方面做出了积极的贡献。1956年以后，乌珠穆沁旗政府曾设在此庙中。"文革"中，喇嘛库伦庙被损毁严重。1992年，东乌珠穆沁旗政府又在原址上修建了二层藏式佛堂建筑，成为本地乃至周边地区宗教活动的重要场所之一。

2004年7月库伦庙重新进行修缮，包括对院墙、僧房、遗址广场、大殿、庙北的白音额日和图敖包等的加固与修葺。2006年10月27日，庙宇修缮工程结束，举行了隆重的开光大典，现有18名喇嘛常住寺庙。

外景局部

大殿

钟楼

鼓楼

白塔

僧房

‖54‖ 苏尼特右旗毕鲁图庙

撰稿：刘洪元
摄影：呼日勒

内蒙古自治区重点文物保护单位。

位于苏尼特右旗朱日和镇巴彦郭勒嘎查毕鲁图敖包山脚下，西北距旗政府所在地赛汗塔拉镇55公里。是苏尼特右旗第一座藏传佛教庙宇。

毕鲁图庙由西藏僧人哈日毛日图于康熙四十七年（1708年）始建，建筑风格为藏汉结合式。最盛期由朝克沁殿、道格希德殿、却日殿、丹朱日殿、伊苏殿和12个馆组成。毕鲁图庙现存殿院一处，院内为主殿朝克沁殿。殿院坐西朝东，平面布局呈长方形，东西长80米，南北宽36米，

住庙喇嘛的合影

占地面积2280平方米。朝克沁殿建筑主体为藏式风格，殿顶为汉式风格，建筑占地面积为310平方米，现大殿内壁画保存完好，艺术价值颇高，内容为佛教八宝图、降魔图等。朝克沁殿院外东西两侧各有大殿一座。

1931年，德王迎请九世班禅到苏尼特王府弘法期间，九世班禅曾驾临毕鲁图庙，并赐予毕鲁图庙十二世活佛"莫日根干布"称号。"文革"时期，毕鲁图庙的大部分建筑遭到破坏，宗教活动被迫停止，喇嘛被遣散。改革开放后，毕鲁图庙宗教活动逐渐恢复，每年的每季度都有佛事活动。现有住庙喇嘛13名，住持是第十三世活佛巴德玛嘎日布。

远景

大殿

‖55‖ 东乌珠穆沁旗嘎黑拉庙

撰稿：乌兰
摄影：乌云都力呼尔

东乌珠穆沁旗重点文物保护单位。

位于东乌珠穆沁旗道特淖尔镇乌拉盖社区北20米处，西南距旗政府所在地乌里雅斯太镇116公里。

嘎黑拉庙始建于清乾隆五十九年（1794年），为原乌珠穆沁左翼旗所属六寺之一，法名"演教寺"，是乌珠穆沁左翼旗六寺中经过二次世界大战和诸多动乱后唯一幸存的一座寺庙。院内原有大经堂、东西神庙、善愿庙、密宗殿、大明神殿、门寺、堪布拉布隆、东西厢房、门侧双石狮、石制香炉、影牌、旗杆、双塔等建筑，主大殿为藏式风格建筑。现寺庙门庭北50米处有一座白塔，塔高7米，塔前有一座香炉，香炉前有石础石，两侧各有一尊石狮，石狮前有经筒。白塔北侧为藏式风格主殿，为砖木结构，占地250平方米，主殿二层为藏经楼。白塔两侧分别有一座厢房，北侧有三间小庙，小庙西侧各有一间耳房。主殿东侧为喇嘛僧房，有房屋15间。

嘎黑拉庙1984年恢复法事活动，1988～1990年重新修建藏式阁楼式经堂。十世班禅却吉坚为嘎黑拉庙惠赐"演教法轮寺"匾额，使该庙重现昔日辉煌。

全景

大殿与白塔

东厢房

僧房

大殿内景

经卷

‖56‖ 阿巴嘎旗杨都庙

撰稿：刘洪元
摄影：乌保良

内蒙古自治区重点文物保护单位。

位于阿巴嘎旗洪格尔高勒镇镇派出所东20米处，西北距旗政府所在地别力古台镇95公里。

杨都庙始建于清同治三年（1864年），历史上的杨都庙曾是锡林郭勒盟五部十旗的会盟圣地之一，阿巴嘎旗洪格尔高勒镇也以百年古刹杨都庙而闻名。杨都庙由朝克沁殿、拉布仁殿、却日殿和却西活佛住宅四部分组成。现存主体建筑为朝克沁殿院，该院坐北朝南，院落平面布局呈长方形，南北长78米，东西宽43米，占地面积约三千三百五十四平方米。朝克沁殿为两层建筑，青砖青瓦的歇山大木结构，面阔七间，进深五间、占地面积449.44平方米。朝克沁殿殿堂内保存有铜、银质佛像、祭品、乐器、拐号等共一千余件，甘珠尔经98卷。朝克沁殿南10米是金刚殿，东南140米处有两处院落分别是拉布仁殿(高日苏殿、东厢房)，占地面积1320平方米；却日殿(苏布干殿、东厢房)，占地面积748平方米。朝克沁殿院西

朝克沁殿

倒座

失修的杨都庙却日殿

南20米是却西活佛住宅院，占地面积1092平方米，西侧房为却西活佛住宅，东侧为厨房，院南墙居中为山门过殿。

1980年，杨都庙恢复宗教活动，1988～1991年锡林郭勒盟、阿巴嘎旗政府先后拨款对庙宇进行修缮。1991年6月西藏活佛却吉隆柔嘉措亲临杨都庙进行法事活动。

1998年，杨都庙被阿巴嘎旗人民政府公布为旗级文物保护单位。2006年9月6日，被内蒙古自治区人民政府公布为第四批自治区级文物保护单位。

▌57▌ 多伦县山西会馆

撰稿：乌兰

摄影：吴克林　崔晓华

全国重点文物保护单位。

位于多伦县老城区会馆前街1号，又称"伏魔宫"，因其供奉关云长，所以当地人又称其为"关帝庙"。建筑坐北朝南，建筑面积1800平方米。西邻清真西寺和西护城河，南邻清真南寺。

山西会馆是一座平面为长方形的院落，建筑规模宏大，布局紧凑合理，整体建筑为汉地清水结构，山西建筑风格浓厚。馆内建筑以砖木结构为主，设计精

全景

巧，木刻、石刻、檐下柱梁、斗拱雕刻精美，栩栩如生。院内全部为大青石板铺地。古建筑占地1184平方米，南北走向，有四进院落。一进院落为山门和下宿，山门13间，下宿五间。二进院为戏楼和五间过殿。会馆建筑最有特色的是戏楼，为会馆的中心建筑，气势雄伟、结构精巧，前台由两根大红明柱支撑，每年旧历五月十三开台演唱晋剧，直到秋后。三进院落为议事厅，正方形的院落，内有会议厅五间，小戏台一座，画像殿六间，是山西各大商号议事的场所。四进院落为关帝庙，正殿五间、耳房两间、东西配殿六间、小戏台一座。正殿供有关羽、关平、周仓塑像，殿内梁柱彩绘均为清代所绘，均绘有

民间故事和禽兽花鸟。东配殿墙壁绘有三国故事，为关羽一生的业绩，内容丰富，十分珍贵。

清代，多伦诺尔经济繁荣，商贾云集，以山西籍商人为数最多。为便于经济贸易活动，由山西籍商人集资于乾隆十年（1745年）兴建了规模宏大的山西会馆。后在清朝道光、嘉庆年间和民国初年，进行过多次重修。重修时仅捐款的山西籍商号就有一千余家。山西会馆西侧立有吉鸿昌将军塑像，纪念吉鸿昌将军1933年在多伦抗击日寇侵略军。"文革"期间，山西会馆遭到破坏，五座牌楼和钟、鼓楼被毁坏，主要建筑尚存。

山西会馆是反映清代旅蒙商历史的重

戏楼正面

二进院过殿

四进院大殿

要象征物之一，是我国北方民族关系史上
具有代表性的一处文化遗产，是内蒙古地
区旅蒙商起源和形成过程中兴建并运转的
最大的一处基地，对于研究旅蒙商的起
源、发展等历史具有重要意义。

1987年，山西会馆被多伦县人民政
府公布为县级文物保护单位。1995年，
被内蒙古自治区人民政府公布为自治区
级文物保护单位。2006年，多伦山西会
馆作为多伦诺尔古建筑群中的重要组成
部分被国务院公布为第六批全国重点文
物保护单位。

三进院过殿

‖58‖ 锡林浩特市额尔敦陶力盖敖包

撰稿：乌兰
摄影：乌兰

全国重点文物保护单位。

位于锡林浩特市北部的额尔敦陶力盖山顶。额尔敦陶力盖敖包地位显赫，建筑规模宏大，在锡林郭勒草原地区的知名度较高，堪称锡林郭勒敖包之最。

该敖包为贝子庙的祭祀敖包，周围环境优美，锡林河由南向北从额尔敦敖包西侧盆地潺潺流过，夏季水草茂盛，绿树葱茏，冬季银装素裹，是一处天然旅游胜地。

额尔敦陶力盖敖包为圆形实心塔坛式建筑，面向东南，以主敖包为中心，东西一字排开，共有13个，所以又叫"十三敖包"。最中间的主敖包比较大，为三层，直径约10米，主体通高3.1米。大敖包两侧各有六个小一些的敖包，对称分布，大小基本相同，直径约4米，主体通高2米左右，均为石头堆砌而成的圆坛，又在圆坛

贝子庙红塔

贝子庙白塔

上面堆上小石块形成的。各敖包上插着一圈柳枝，在敖包的中心立有一根顶部有金碧辉煌的珠宝饰物的玛尼杆，装饰物下面有一个小伞盖随风摇曳，中间大敖包的伞盖下方悬挂着色彩鲜艳的佛像。每座敖包的木杆用系着喇嘛教咒符布片的绳子连在一起。另外主敖包的前后各有一个圆形祭坛，前为日祭台，后为月祭台，祭台规格相同，直径为4.7米，高0.54米。日祭台前置有焚香炉。额尔敦敖包曾经特别引人注意的是，在插着的枯柳枝中还插着许

多木制的剑、刀、枪、斧、槌等武器的模型，这些木制武器多是一尺到二尺长，用墨或红壳（一种用黄土制成的红色颜料）涂成黑色或红色。江上波夫（日本学者）在其所著的《蒙古高原行纪》中推测这是过去在敖包上插真武器的遗留。这种装饰应该与蒙古人曾经所崇拜的原始宗教萨满教的遗存有关。

敖包祭祀是锡林郭勒草原上颇具民族特色的传统民俗活动。敖包又称"脑包"、"额博"，是蒙古语的音译，意思

就是堆子、鼓包，它是由人工堆积起来的石堆或土堆，通常设在山顶或丘陵上，是圆锥形的实心塔，通常是单独一个，也有三个的，七个的，13个的，额尔敦陶力盖敖包就是这种最大型的13个的敖包。这座敖包有史料记载的祭祀历史就已有三百余年，贝子庙始建于1743年，其后贝子庙的历代活佛专祭这个敖包。1753年贝子庙建成后的10年之际，将额尔敦陶力盖敖包扩建成了13个，成为了敖包中最大型的一种，并作为阿巴哈纳尔左翼旗的旗敖包于每年的农历五月十三日定期举行公祭活动。每逢祭祀日，周围方圆几百里的牧民都前来祭祀，场面十分壮观。额尔敦陶力盖敖包在20世纪70年代初曾遭到破坏，进入新世纪以后，在对贝子庙大规模修缮的同时恢复重建了额尔敦陶力盖敖包。2004年开始，恢复了每年按照蒙古族传统礼仪举行大规模的祭敖包活动。

2006年，额尔敦陶力盖敖包作为贝子庙建筑群的一部分，被国务院公布为第六批全国重点文物保护单位。

重修后的额尔敦陶力盖十三敖包

⫶59⫶ 东乌珠穆沁旗巴颜额日和图敖包

撰稿：苏德那木旺其格
摄影：乌云都力呼尔

敖包右侧

　　位于东乌珠穆沁旗乌里雅斯太镇喇嘛库伦庙北山顶。始建于1781年，是喇嘛库伦庙上千名喇嘛共同的信仰。历史上由各种原因祭祀曾经中断过，20世纪80年代恢复了祭祀活动，每年阴历五月二十二日祭祀（由喇嘛库伦庙和部分牧民主办），并举办赛马、摔跤、射箭等娱乐活动。

　　巴颜额日和图敖包占地面积为约284平方米，东西方向呈"一"字排列，由一个主敖包，12个小敖包组成（主敖包东西两侧各有六个相同的小敖包）。敖包用石块堆积，平面呈圆形。主敖包为三层台式，上层直径约为2米，中层直径约为3米，底部直径约为4米，上面插有吉嘎，系挂哈达、经幡、风马旗、海木尔（福贴）等。小敖包为二层台式，上层直径为2米，底部直径为3米。巴颜额日和图敖包前铺砌有108个台阶以及600平方米的广场。

‖60‖ 东乌珠穆沁旗白音敖包 ————

撰稿：苏德那木旺其格
摄影：乌云都力呼尔

位于东乌珠穆沁旗沙麦苏木白音敖包嘎查南500米处，西南距旗政府所在地乌里雅斯太镇50公里。

白音敖包也叫"巴音哈日敖包"，由一个主敖包，12个小敖包组成（主敖包东西两侧各有六个小敖包），占地面积约1005平方米。敖包东西方向呈"一"字形排列，用天然碎石堆垒平面呈椭圆形。主敖包由上下两个部分组成，底部直径约为3米，高约2米，上面小敖包底部直径约1米，高约1米，中间插立玛尼杆和柳条，玛尼杆上系挂哈达、经文、风马旗、经幡、海木尔（福贴）、白蓝色为主的彩条等。单体小敖包底部直径约2米，高约1米。主敖包正前方2米处有一块石碑，上面刻有一行蒙文字，为祈求保佑生活幸福美满之意，石碑高约1.5米、宽约0.5米，底座为正方形，边长约0.8米。紧邻敖包南侧，在高约0.15米的圆形石头放有一块石板，长约0.3、宽约0.2米，用于摆放祭祀的贡品。

白音敖包始建于清代中期，已经有近三百年的历史。每年农历六月初三，由当地牧民以及其他地区的祭祀者前来祭祀。白音敖包是乌珠穆沁地区唯一一座由喇

敖包远景

敖包祭祀场面

嘛、牧民、男女共同祭祀的敖包，也是东乌珠穆沁旗范围内举办最盛大的祭祀活动的敖包。由东乌珠穆沁旗15个苏木各选派敖包长轮流祭祀，祭祀主要是祈求草原一年风调雨顺、六畜兴旺。在盛大的祭祀活动之后，要举行骑马、摔跤、射箭等体育娱乐活动。每次祭祀活动当天由敖包长准备马匹（或牛犊）、十几只羊当做当天赛马、摔跤、射箭选手的奖品。还需准备几十只羊为前来祭祀敖包的客人品尝。

敖包近景

举办那达慕大会时敖包前的蒙古包群

‖61‖ 西乌珠穆沁旗王盖敖包

撰稿：苏德那木旺其格
摄影：哈巴特尔

西乌珠穆沁旗重点文物保护单位。

位于西乌珠穆沁旗浩勒图高勒镇巴拉格尔嘎查，西北距旗政府所在地巴拉嘎尔高勒镇约25公里。地处巴拉嘎尔高勒苗圃东南部山峰上，西环绕巴拉格尔高勒河。

王盖敖包又名巴彦胡舒敖包，是西乌珠穆沁旗的旗敖包，也是旗境内规模最大的敖包。于康熙年间由乌珠穆沁第四代胡硕车臣亲王修建，每年农历六月二十五日举行隆重盛大的祭祀活动，1947年，敖包由于各种原因停止了祭祀活动。20世

远景

近景

60年代初期，当地牧民恢复了祭祀活动。2005年，西乌珠穆沁旗人民政府出资20万元在敖包原址恢复重建了13座有着金顶吉祥白塔的敖包，整体占地面积1100.56平方米。敖包为"十三敖包"，由东向西一字形排列，由一个主敖包，12个小敖包组成（主敖包东西两侧各有六个小敖包）。主敖包为三层塔坛式，上层直径约为2米，中层直径约为3米，底部直径约为4.6米，高约5米，中间插立玛尼杆和柳条，玛尼杆上系挂哈达、经文、经幡、风马旗、海木尔（福贴）、白蓝色为主的彩条等。单体小敖包底部直径约3.5米，高约3米。主敖包前修有长方形石制祭台，长约0.5米、宽约0.2米、高约0.15米，围绕石板有三个圆形香炉，直径约0.15米、高约0.18米，东西各有一尊石狮子。

供台

‖62‖ 镶黄旗翁贡乌拉敖包群

撰稿：朝包力高
摄影：哈斯巴特尔

位于镶黄旗翁贡乌拉苏木乃林陶勒盖嘎查翁贡乌拉山顶，西南距旗政府所在地新宝拉格镇40公里。

翁贡乌拉敖包群由一座大型敖包，四座中型敖包，103座小型单体敖包组成。大敖包在最南端，平面形制呈圆形，直径6.2米，高4.05米。其中三座中型敖包在大敖包北侧2米处由东北－西南方向一

敖包远景

字排列，居中的中型敖包正北2.5米处还有一座中型敖包，平面直径为4.3~4.6米，高3~3.2米。小敖包分布在大、中型敖包两侧，越外围越小，小敖包平面直径为0.7~1.1米，高0.5~1.0米。大、中敖包上各有五根玛尼杆，中间为主玛尼杆，高2.6米，四周的玛尼杆高1.8米，玛尼杆和敖包上系满了各种颜色的哈达、经幡、风马旗等。

翁贡乌拉敖包是察哈尔蒙古部落世代祭祀的地方。每年农历六月二十八举行盛大隆重的祭祀活动，由来自周围方圆百里的牧民以及全旗不同身份的祭祀者前来祭祀，祭祀活动延续至今已有数百年历史。翁贡乌拉敖包群在锡林郭勒南部地区形制独特，颇具特色，有较重要的历史人文价值。

‖63‖ 正蓝旗乌和尔沁敖包

撰稿：朝包力高

摄影：珊丹 乌日尼乐图

远景

位于正蓝旗桑根达来镇吉呼郎图嘎查，东南距元上都遗址17公里，西南距旗政府所在地上都镇32公里。

乌和尔沁敖包山元代为万寿山，清朝划为察哈尔正白牛群，为苏鲁克祭祀地，最初称为白音朝克图敖包，后称为乌和尔沁敖包，又因这片草原生长有药草也称其为医生敖包。乌和尔沁敖包现为正蓝旗的旗敖包，所在地是正蓝旗境内的最高峰，海拔1673.3米。该敖包是由石块垒砌而成、外涂白灰。一大四小由南向北呈一字形排列，均面向东，五个敖包由北向南连线长达23.5米。中间大敖包直径8.6米，为圆形三层台式建筑，高3.4米；两侧四个敖包均为圆形建筑，间距约2.5米，其中，中敖包两个，直径2.2米，高1.8米，小敖包两个，直径2.1米，高1.4米。

每年阴历六月十至二十日选吉日举行祭祀活动。1917年、1924年、1947年，先后修复过乌和尔沁敖包，并举行盛大隆重的祭祀活动；1985年7月，桑根达来苏木吉胡郎图、白音淖尔、艾力克三个嘎查共同出资修缮该敖包，7月24日，举行祭祀仪式，并举办赛马、摔跤、射箭等体育娱乐活动，历时三天。从此以后，一年一度的敖包祭祀活动延续下来。

乌和尔沁敖包代表了锡林郭勒南部察哈尔故地内的敖包形制，承载着丰厚的历史人文价值。

近现代

据第三次全国文物普查数据统计，锡林郭勒地区近现代不可移动文物点共计146处，包括1840~1911年的晚清时期、民国时期以及中华人民共和国时期三个阶段的有代表性和具有重大历史意义的革命旧址、宗教或纪念建筑、基础设施、科技艺术成果等多个类别的文化遗产。

其中，二连驿站是交通、传译、草原商贸文化方面的缩影；德王府在特殊的历史时期一度成为苏尼特右旗乃至内蒙古西部政治、经济、军事、文化、教育、医疗、工业、商业、交通中心，曾引起了国内外各界的关注；栋阔尔庙是为西藏九世班禅来锡盟草原游历时居住所建，体现了民国时期喇嘛教的发展；随着清王朝统治的倒台，西方的基督教、天主教等也开始传入锡林郭勒南部的太仆寺地区，建立了教堂以及教会学校。

抗日战争结束后，锡林郭勒地区不仅是内蒙古民族自治运动的发源地，而且也是内蒙古自治运动联合会第一个建立自治政权的地方，同时也是内蒙古民族解放斗争的根据地，为内蒙古最重要的红色革命纪念地之一。如贝子庙就曾作为锡察革命根据地的指挥中心，现也被作为锡林郭勒地区红色革命和爱国主义教育基地之一。解放战争中，锡盟地区的军民在中国共产党的领导下以不屈不挠的精神与反动武装进行英勇斗争，留下许多可歌可泣的英雄事迹。为此，新中国成立后，在锡林郭勒地区建立纪念馆2处，纪念碑12处，烈士陵园6处，共计20处，均被作为重要的爱国主义教育基地。

‖64‖ 西乌珠穆沁旗栋阔尔庙

撰稿：赛音吉亚
摄影：哈巴特尔

内蒙古自治区重点文物保护单位。

位于西乌珠穆沁旗政府所在地巴拉嘎尔高勒镇中心。是原西乌珠穆沁右翼旗王爷府家庙的组成建筑之一。

栋阔尔庙坐北朝南，庙院平面布局呈长方形，南北长62米，东西宽34米，占地面积约2100平方米。主殿亦称栋阔尔殿，为三层青砖布纹瓦歇山大木结构建筑，占地面积398平方米。

该庙建于1924年（民国十三年），是为西藏九世班禅来锡盟草原游历时居住所建，班禅走后，被作为扎萨克家庙的藏经阁，庙顶为歇山式，二、三层为木制阁楼，置回廊，底层为藏式结构建筑，面阔五间，东西17.35米，南北11米，是一座独具特色的建筑，具有很高的学术及科学的研究价值。

全景

主殿

内景

厢房

‖65‖ 苏尼特右旗苏尼特王府

撰稿：苏德那木旺其格
摄影：呼日勒

内蒙古自治区重点文物保护单位。

位于苏尼特右旗朱日和镇东5公里处乌苏图敖包山脚下，占地2.25平方公里，建筑面积5000平方米。始建于清同治二年（1863年），是由德王祖父为德王父亲那木济勒旺楚克承袭锡林郭勒楚古兰达（盟长）官职时建造。

苏尼特王府是一座既有藏传佛教建筑风格，又有清朝末年汉族宫廷建筑风格的建筑群，造型宏伟，结构独特，建造坚实，雕刻精细，绘画美观。它还模仿了北京皇宫的形式，飞檐翘角既精巧又古朴。正殿、配殿、厢房组成两个四合院，以及两侧结构近乎一致的偏殿、厢房构成了一个完整的建筑群，使整个王府形成了左右对称的结构。殿堂边角处均刻画有猿猴攀柱、喜鹊登梅等象征佛教意义的图案。檐下每根椽头部都绘有牛、马、羊、骆驼等图画，形象逼真，色彩鲜明。王府正殿的门板上镶有九颗铜钉、两侧蹲坐石狮，显示王府的贵族气派。王府正殿前竖立着两根十余米高的坚杆即 "查迪格"，正殿后面竖立着 "苏鲁锭"（又作 "苏勒德"），偏殿前有蒙古包群，大院两侧百十根拴马桩南北向延伸一百余米长。

苏尼特王府也称德王府，以德王时期最为鼎盛。德王，全名为德穆楚克栋鲁普，字希贤，1902年2月出生于察哈尔部

王府全景

中厅

正白旗。他的父亲那木济勒旺楚克，是锡林郭勒盟盟长兼苏尼特右旗札萨克多罗杜棱郡王。德王年满18岁后，在王府举行了隆重的加冕典礼，他开始亲执政务。五年后升任锡林郭勒盟副盟长，1931年任锡林郭勒盟盟长。全盛时期，除了这座王府外，在王府的西侧有班禅行宫，1931年，藏传佛教领袖九世班禅应德王的邀请曾驾临此处。当时在王府的周围还有飞机场、白塔、供销社、轻工业厂、商邻协会、蒙医院、东营盘、旗衙门学校、毛织厂、小型地毯厂等。王府的后面是乌苏图敖包、前面有小湖泊，所在地是一块风景秀丽，山川美好的风水宝地。

1947年苏尼特右旗解放后，王府便成为当时部分党政机关住地。1958年旗人民政府搬迁到赛汗塔拉镇以后，党校仍留驻德王府，直到1979年。

1987年苏尼特王府被苏尼特右旗人民政府公布为第一批旗级文物保护单位。1989年被锡林郭勒盟盟公署公布为盟级文物保护单位。1996年苏尼特王府被内蒙古自治区人民政府公布为自治区级文物保护单位。

后殿

内部陈设

‖66‖ 太仆寺旗乡马沟教堂

撰稿：朝宝力高
摄影：于悦惠

教堂全景

位于太仆寺旗千斤沟镇乡马沟村中心位置，西北距旗政府所在地宝昌镇18公里。

乡马沟教堂始建于1937年，由当地教民出钱建立五间土堂和一所男校。1939年，又改建成青砖瓦堂九间，另建女校一所。1947年，比利时神甫希华兴当本堂。

1958年4月教堂和学校全部被拆毁，1997年10月在原址重建。现在的教堂长33.55米，宽10米，面积为335.5平方米，高度为7.2米，前脸钟楼处高12.72米，堂院面积660平方米，总占地面积995.5平方米。乡马沟教堂是太仆寺旗较早的宗教建筑之一，有一定的纪念意义和保护价值。

教堂侧面

附 录

附　录 目录

 表一　锡林郭勒盟全国重点文物保护单位名单

序号	公布名称与单体名称		时代	公布批次	所在旗县(区)
1	元上都遗址（2012年世界文化遗产）		元代	第三批	正蓝旗
2	金界壕	（1）漠南线	金代	第五批	东乌珠穆沁旗　阿巴嘎旗 苏尼特左旗　苏尼特右旗
		（2）主线西支线			东乌珠穆沁旗
		（3）主线北线			锡林浩特市　正蓝旗 正镶白旗　镶黄旗
		（4）主线南线			多伦县　正蓝旗 太仆寺旗　苏尼特右旗
3	汇宗寺		清康熙三十年（1691年）	第五批	多伦县
4	贝子庙		清乾隆八年（1743年）	第六批	锡林浩特市
5	多伦诺尔古建筑群	（1）清真南寺	清雍正五年（1727年）	第六批	多伦县
		（2）兴隆寺	清雍正十二年（1734年）		
		（3）城隍庙	清乾隆二年（1737年）		
		（4）碧霞宫	清乾隆四年（1739年）		
		（5）山西会馆	清乾隆十年（1745年）		
		（6）清真北寺	清乾隆三十六年（1771年）		
		（7）商号宅院	清代（嘉庆年间）		
		（8）清真西寺	清光绪五年（1879年）		
		（9）清真中寺	清光绪三十四年（1908年）		

序号	公布名称与单体名称	时代	公布批次	所在旗县（区）
6	砧子山墓群	元代	第七批	多伦县
7	恩格尔河墓葬	元代	第七批	苏尼特左旗
8	金斯太洞穴遗址	旧石器时代　新石器时代　青铜时代	第七批	东乌珠穆沁旗
9	四郎城城址	金代	第七批	正蓝旗

 表二　锡林郭勒盟自治区级重点文物保护单位名单

序号	公布名称与单体名称	时代	公布批次	所在旗县（区）
1	二连盐池晚白垩纪恐龙化石区	白垩纪	第三批	二连浩特市
2	通尔古中新世哺乳动物化石区	中新世	第三批	苏尼特左旗
3	苏尼特左旗红格尔、毛瑞苏特、宝德尔朝鲁岩画群	青铜时代	第三批	苏尼特左旗
4	查干敖包庙	清康熙五十三年（1714年）	第三批	苏尼特左旗
5	苏尼特德王府	清代　民国	第三批	苏尼特右旗
6	羊群庙祭祀遗址	元代	第三批	正蓝旗
7	巴彦锡勒古城遗址	辽代	第四批	锡林浩特市
8	伊林驿站遗址	清代　民国	第四批	二连浩特市
9	多伦辽代墓群	辽代	第四批	多伦县
10	东凉亭遗址	元代	第四批	多伦县
11	善因寺	清雍正五年（1727年）	第四批	多伦县
12	杨都庙	清同治三年（1864年）	第四批	阿巴嘎旗
13	下玛塔拉遗址	新石器时代	第四批	苏尼特左旗
14	吉布胡郎图墓群	北朝	第四批	苏尼特左旗

序号	公布名称与单体名称		时代	公布批次	所在旗县(区)
15	苏尼特左旗石板墓群	(1) 海留吐沟墓群	隋唐时期	第四批	苏尼特左旗
		(2) 巴彦额尔敦墓群			
16	玄石坡、立马峰石刻		明永乐八年（1410年）	第四批	苏尼特左旗
17	毕鲁图庙		清康熙四十七年（1708年）	第四批	苏尼特右旗
18	浩齐特王盖庙		清康熙三十九年（1700年）	第四批	西乌珠穆沁旗
19	栋阔尔庙		民国十三年（1924年）	第四批	西乌珠穆沁旗
20	乌兰沟墓葬		旧石器时代　元代	第四批	镶黄旗
21	那仁乌拉城址		金代	第四批	镶黄旗
22	哈音海尔瓦庙		清康熙五年（1666年）	第四批	镶黄旗
23	宝日陶勒盖庙		清康熙五十九年（1720年）	第四批	正镶白旗
24	布日都庙		清乾隆五年（1740年）	第四批	正镶白旗
25	旧桓州城城址		金代	第四批	正蓝旗

表三　锡林郭勒盟市县级重点文物保护单位名单

序号	公布名称与单体名称	时代	保护级别及批次	所在旗县（区）
1	锡林浩特烈士碑	近现代	市级	锡林浩特市
2	古城廓遗址	青铜时代至早期铁器时代	县级	多伦县
3	二道洼辽墓	辽代	县级	多伦县
4	三道沟遗址	金代	县级	多伦县
5	北石门遗址	元代	县级	多伦县
6	王子坟墓葬	元代	县级	多伦县
7	敖伦宝力格墓群	隋唐时期	旗级　第一批	阿巴嘎旗
8	阿拉坦陶高图墓群	隋唐时期	旗级	阿巴嘎旗
9	上玛塔拉遗址	新石器时代	旗级	苏尼特左旗
10	德力哈达岩画	青铜时代至早期铁器时代	旗级	苏尼特右旗
11	石人墓群	元代	旗级　第一批	东乌珠穆沁旗
12	乌日图沟墓葬群	元代	旗级	东乌珠穆沁旗
13	翁衮都喇尔墓葬	明代	旗级	东乌珠穆沁旗
14	嘎黑拉庙	清代	旗级	东乌珠穆沁旗

序号	公布名称与单体名称	时代	保护级别及批次	所在旗县（区）
15	吉仁高勒古城遗址	汉代	旗级　第一批	西乌珠穆沁旗
16	王盖敖包	清代	旗级	西乌珠穆沁旗
17	福兴寺	清代	旗级	西乌珠穆沁旗
18	重光墓	辽代	旗级　第一批	太仆寺旗
19	宝日浩特城址	金代	旗级　第一批	太仆寺旗
20	乌日特敖包城址	金代	旗级　第一批	太仆寺旗
21	呼隆敦庙遗址	清代	旗级第一批	太仆寺旗
22	玛拉该庙遗址	清代	旗级　第一批	太仆寺旗
23	太仆寺左翼旗衙门	清代	旗级　第一批	太仆寺旗
24	太仆寺左翼旗日式西医医院	民国	旗级　第一批	太仆寺旗
25	大敖包山解放战争战场遗址	民国	旗级　第一批	太仆寺旗
26	光林山战斗遗址及光林山烈士墓	民国	旗级　第一批	太仆寺旗
27	七号天主教堂及女校	民国	旗级　第一批	太仆寺旗
28	干沟墓群	辽金时期	旗级　第二批	太仆寺旗
29	马蹄沟城址	元代	旗级　第二批	太仆寺旗
30	吉林乌苏城址	元代	旗级　第二批	太仆寺旗

序号	公布名称与单体名称	时代	保护级别及批次	所在旗县（区）
31	五间房城址	元代	旗级　第二批	太仆寺旗
32	五旗敖包总管宅院敖包	清代	旗级　第二批	太仆寺旗
33	哈夏图皇家马厩遗址	清代	旗级　第二批	太仆寺旗
34	瓦斯衙门遗址	清代	旗级　第二批	太仆寺旗
35	莫日其克日军军马场遗址	民国	旗级　第二批	太仆寺旗
36	宏大解放军军营旧址	民国	旗级　第二批	太仆寺旗
37	太仆寺旗烈士陵园	新中国	旗级　第二批	太仆寺旗
38	镶黄旗北魏古城遗址	北魏	旗级	镶黄旗
39	伊和淖尔墓葬	北魏	旗级	正镶白旗
40	乌日图淖尔窑址	汉代	旗级　第一批	正蓝旗
41	北魏长城-正蓝旗段	北朝	旗级　第一批	正蓝旗
42	北公司城址	辽代	旗级　第一批	正蓝旗
43	白新图城址	金代	旗级　第一批	正蓝旗
44	卓龙高勒城址	元代	旗级　第一批	正蓝旗
45	查干敖包石人墓	元代	旗级　第一批	正蓝旗

后记

　　《锡林郭勒文化遗产》一书，是由内蒙古自治区文物考古研究所组织编撰的《内蒙古文化遗产丛书》之一。全书依照时代序列，分为旧石器时代、新石器时代、青铜时代至早期铁器时代、秦汉魏晋北朝时期、隋唐时期、辽金元时期、明清时期、近现代八个时段，每个时期，以古遗址、古墓葬、古建筑、石窟寺及石刻、其他等为序，依次对每个不可移动文物点进行介绍。

　　本书中介绍的不可移动文物点，共有66处，主要包括了全国重点文物保护单位、内蒙古自治区重点文物保护单位以及部分市县级重点文物保护单位，还有部分未定级的重要文物点以及"三普"重要新发现。对这些文物点的介绍，包括了文物的基本状况、前人工作与研究概况等内容，并配有文物本体、周边环境与出土遗物等图片。

　　本书综述主要是介绍锡林郭勒盟的自然环境、人文历史以及以往文物考古工作概况等。附录主要是对锡林郭勒盟的全国重点文物保护单位、自治区级重点文物保护单位、市县级重点文物保护单位分别作分解统计，包括公布名称与单体名称、时代、保护级别及批次、所在旗县（区）等几个方面的内容。公布名称为公布文物保护单位时的文物点名称，有的公布名称不符合文物点的命名规范，在后面括号中予以更正；有的文物保护单位是由多个单体文物点组成的复合文物，遇到这样的情况，在公布名称下面一一列出单体名称；对于较为特殊的线性文物，如长城，按盟市域、旗县域的线路分布作单体统计，如锡林郭勒盟北魏长城、锡林郭勒盟金界壕，统计为两个单体文物。年代并不一定遵照当初公布文物保护单位时认定的年代，而是依据最新的研究成果确定文物的年代；根据文物点的不同类型，有的仅列出始建年代，有的则一一列出文物的沿用年代。保护级别及批次方面，遵循文物点的最高保护级别原则，如一个文物点曾经公布为自治区级文物保护单位，现已升级为全国重点文物保护单位，则仅按全国重点文物保护单位作统计；盟、旗县市级要具体区分出盟级、旗县市级。如果一个文物点分布在多个旗县（区），则大体按照由东向西的方向，依次列出所在旗县（区）。

本书由萨仁毕力格、程鹏飞进行了统稿工作；刘洪元、乌兰、萨仁图雅、苏德那木旺其格、朝包力高等做了大量的前期资料收集整理工作，具体参加文物遗址撰稿的人员有刘洪元、乌兰、萨仁图雅、苏德那木旺其格、朝包力高、赛音吉亚等，最后由陈永志审定稿。文物点的图片等资料部分来自"三普"档案。

本书的资料来源，包括了内蒙古自治区文物考古研究所历年来的考古调查与发掘成果、新中国成立以来开展的三次不可移动文物普查资料、全国长城资源调查资料、相关专家学者的考古研究成果以及盟市旗县文物管理部门多年积累的珍贵资料成果等。面对如此庞杂的资料来源，书中列出的注释、图片来源等，难免挂一漏万，如有个别遗漏，还望原单位、原作者谅解。

本书承蒙内蒙古自治区党委常委、宣传部乌兰部长撰写了序言，在此表示由衷的敬意与诚挚的感谢！

因成书较为仓促，难免有错讹与不足之处，敬请读者批评指正。

编者

2014年3月18日